한 번도 가지 않은 길로 가라

김 우 중 의 끝 나 지 않 은 도 전

한 번도
가지 않은
길로 가라

박영렬 지음

한국경제신문

김우중 회장은 '흔적'이라는 말을 자주 쓴다. 대우가 해체된 후 심정이 어땠냐는 질문에 "그저 나는 고맙게 생각해요. 다른 사람들은 아무것도 안 남기는데 흔적이라도 남겼으니 말이에요"라고 말한다. 고故 김일성 주석을 만나 남북화해를 권고할 때에도 "최선을 다 했다는 흔적이라도 역사에 남겨야 하지 않겠느냐"고 설득했다. GYBM 학생들을 키우는 일에 대해서는 자신의 '마지막 흔적'이 되기를 바란다고 말한다.

이 책은 김 회장의 '마지막 흔적'에 대한 해설서이자 한국 젊은이들을 향한 희망적 제언提言이다. 박영렬 교수는 김 회장과의 인터뷰, GYBM 현지 방문 등을 통해 신흥시장에서 희망을 찾고 남들이 가지 않은 길을 개척해나가는 GYBM 학생들의 얘기를 생생하게 소개한다. 김 회장은 박 교수에게 "우리 젊은이들에게 문제가 있는 것이 아니라 꿈과 비전이 없었던 것뿐이더군요. 꿈과 비전이 생기자 이 친구들의 삶 자체가 달라졌습니다"라고 말한다. 세계경영의 신화를 만들어낸 김우중 회장의 철학을 이해하고 남들이 못한 새로운 일을 만들어내고자 하는 야심 찬 젊은이들 누구에게나 권하고 싶은 책이다.

－신장섭 싱가포르 국립대학교 경제학 교수 · 《김우중과의 대화》 저자

우리 젊은이들에게 정말 필요한 게 무엇인지 정확히 짚어낸 김우중 회장의 혜안에 크게 감탄했다. 이 책은 글로벌 인재를 꿈꾸는 사람은 물론, 취업난에 허덕이는 이 땅의 모든 청년들에게 매우 실질적인 지침서가 될 것이다. 큰 무대로 나가야 더 크게 성장할 수 있다. 대우를 넘고 세계를 넘어라. '아직도' 세계는 넓고 할 일은 많다.

–박근태 CJ 대한통운 사장

대우세계경영연구회가 운영하는 GYBM은 김우중 회장의 진두지휘 아래 수많은 한국의 '보통' 젊은이들을 '탁월한' 글로벌 인재로 키워내고 있다. 이 책을 통해 GYBM을 만나보라. 자신감과 도전정신을 가지고 혼신의 힘을 다한다면 누구든 경쟁력 있는 글로벌 인재로 거듭날 수 있다. 도전이 없다면 성공도 없다. 주저 없이 도전하고, 용기 있게 부딪쳐라.

–정성립 대우조선해양 사장

전무후무한 성공신화의 주인공 김우중 회장이 이번에는 우리 젊은 이들을 위해 GYBM이라는 획기적인 글로벌 인재 양성 프로그램을 만들었다. 이미 수많은 젊은이들이 해외로 나가 자신 안의 잠재력과 가능성을 유감없이 발휘하며 글로벌 인재로서 당당히 자리매김하고 있다. 김우중 회장은 또 하나의 성공신화를 이루었다. 그리고 다음 성공신화의 주인공은 바로 당신이 될 것이다.

– 김영상 포스코대우 사장

해외 취업이 낯설고, 자신과는 너무 먼 이야기라고 생각하는가? 그렇다면 GYBM을 찾아가라. 당신이 경쟁력 있는 글로벌 인재로 거듭나는 데 필요한 모든 것이 GYBM에 있다. 이 책은 GYBM을 낱낱이 해부하고 소개하는 한편 김우중 회장의 성공 노하우와 글로벌 비즈니스 전략, 그리고 젊은이들을 향한 애정 어린 조언과 응원으로 가득 차 있다.

– 오광성 한국사회적기업진흥원 원장

2009년 대우세계경영연구회가 발족된 후 대우인들은 '세계를 향한 끊임없는 도전'을 이어갈 이 땅의 젊은이들을 학수고대해왔다. 김우중 회장의 제안으로 2011년 베트남에서 첫발을 디딘 GYBM 사업이 7년째를 맞이하면서 대상 국가가 미얀마, 인도네시아, 태국 등으로 확대되고, 연수생 규모도 600명을 넘어서고 있다. 2020년대 한국경제는 동남아시아를 비롯한 신흥국에서 새로운 운명을 모색해야 하는 만큼, 그들 중 '제2의 김우중 회장'이 나온다면 한국은 다시 한 번 세계를 향한 무한질주가 가능해지리라 본다.

－장병주 대우세계경영연구회 회장

대한민국 청년들이여, 세계를 품어라!

내가 복진섭 씨를 처음 만났을 때는 2015년 11월 13일이었다. 그는 세계 곳곳에 플라스틱 소재의 장난감을 납품하는 드림그룹Dream Group의 베트남 현지 회사인 드림플라스틱스Dream Plastics에 근무하고 있었다. 그가 이 회사에서 일하기 시작한 것은 2년 전이었다. 지금은 회사에 잘 적응하며 직장 내에서 좋은 평가를 받고 있지만 그 여정은 결코 순탄치 않았다.

한국을 떠나는 일부터 만만치 않았다. 아홉 명에 이르는 온 가족이 반대를 하고 나섰기 때문이다. 특히 아버지의 반대가 극심했다. 그가 집안의 장남이기도 하거니와 아들이 취업해서 일하려는 곳이 한국보다 열악한 나라였고, 일단 한번 해외에 나가면 한국으로 돌아오는 일이 쉽지 않으리라고 판단했기 때문이다. 그러다 보니 그가 2~3년만 있다가 다시 돌아오겠다고 설득해도 아버지는 꿈쩍도 하지 않았다. 하지만 그도 뜻을 굽힐 생각이 전혀 없었다. 한국에서 앞으로 무엇을 해야 할지 몰라 방황하던 그에게 베트남에서의 취업은 두렵기보다는 기대감이 더 큰 일이었다. 자신의 인생에서 다시 오지 않을 기회 같았기 때문이다.

사실 그는 안정적인 삶을 살기를 바라셨던 부모님의 뜻에 따라 약학과를 목표로 수능시험을 봤다. 그러나 안타깝게도 시험 결과가 신통치 않았다. 할 수 없이 그냥 점수에 맞춰 기계공학과에 입학했다. 그저 주어진 현실에 따라 선택한 학과였기 때문에 그는 학교생활에 잘 적응하지 못했다. 아니, 적응할 생각이 없었다. 군대에 갔다 와서도 마찬가지였다.

기계공학과 자체가 워낙 취업에 유리한 학과였던지라 취업 걱정은 크게 없었다. 하지만 머릿속은 늘 자신의 전공이 적성과 맞지 않는다는 생각으로 가득했다. 그 과정 속에서 그는 문득 해외에 나가 경영학을 공부해보고 싶다는 생각이 들었다. 이것저것 알아보던 중 2011년 우연히 인도에서 국내 모 그룹의 인턴으로 일하고 있는 같은 과 후배를 만났다. 그리고 이때 처음으로 이름도 생소한 '글로벌 청년 사업가 양성 사업Global Young Business Manager, GYBM'에 대한 이야기를 듣게 되었다.

GYBM은 우리나라의 미래를 이끌어갈 한국의 청년들을 국경 '밖'으로 데리고 나가 비즈니스맨으로 키우고 현지에서 취업이나 창업을 할 수 있도록 돕는 글로벌 인재 양성 프로그램으로, 대우세계경영연구회가 2011년부터 시작한 사업이었다. 대우세계경영연구회는 1999년 그룹이 해체되면서 뿔뿔이 흩어져 각자의 삶을 살던 대우그룹의 임직원들이 설립한 모임이다. 대우가 한국경제에 끼친 공로와 과실을 재평가하고, 그대로 사장시키기에는 그 효용 가치가 큰 대우의 '세계경영' 정신과 시스템을 부활시켜 국가경제 발전에 보탬이 되고자 만든 것이다.

GYBM은 대우세계경영연구회가 이러한 설립 취지를 오롯이 담아 시작한 새로운 도전이었다. 즉, GYBM은 대우가 세계무대에서 비즈니스를 펼치며 체득한 경험과 노하우를 총동원해 우리 젊은이들을 글로벌 인재로 키워 해외 정착을 지원하고, 궁극적으로 한국의 글로벌 비즈니스 네트워크를 강화해 국가경제 발전을 꾀하는 프로그램이다.

이런 획기적인 프로그램을 처음 제안한 사람은 바로 대우그룹의 창업주 김우중 회장이었다. 예나 지금이나 '우리의 미래는 글로벌 인재에 달렸다'고 굳게 믿는 김우중 회장은 대한민국의 경제발전과 우리 젊은이들의 밝은 미래를 위해, 또 예상치 못한 그룹 해체로 미완에 그친 세계경영의 부활을 위해 이 도전을 시작했다. 김우중 회장이 GYBM에 갖는 애정은 각별할 수밖에 없었다. 그는 GYBM을 성공시키는 것을 국가와 사회가 자신에게 부여한 최후의 소명이자 자기 삶에 마지막 흔적을 남기는 일이라고 여기며 이 과업을 달성하기 위해 혼신의 힘을 다했다.

복진섭 씨가 GYBM 프로그램에 가진 첫인상은 생소함이었다. 2011년 그해 막 시작한 사업이었던 데다 단순 체험이나 스펙 쌓기에 지나지 않는 기존의 해외 인턴십, 취업 프로그램과 달리 취업은 물론 창업까지 확실하게 보장해주었기 때문이다. 게다가 1년 연수 과정에 들어가는 모든 경비가 무료였고, 과거 세계무대에서 활발하게 비즈니스를 펼쳤던 대우맨들이 교육진으로 포진하고 있어 해외에서 활동할 글로벌 인재를 육성하는 데 최적화돼 있었다.

해외에서의 생활을 꿈꾸던 복진섭 씨에게 GYBM은 남다른 의미로 다가왔다. 특히 해외로 나가고자 하는 마음은 있지만 어디서부터 어떻게 시작해야 할지 몰라 막막했기 때문에 더더욱 특별한 기회로 느껴졌다. 그러나 당시 그의 입장에서는 설불리 시작할 수 없는 도전이었다. 나이가 적지 않은 데다 베트남에 가서 바로 취직을 하는 것이 아니라 1년 동안 연수 과정을 거친 후에야 취업이 가능했기 때문이다. 그러나 GYBM은 그냥 포기하기에는 너무도 매력적인 프로그램이었다. 처음이라 낯설게 느껴졌을 뿐 알면 알수록 도전정신과 열정을 갖고 열심히 한다면 많은 기회가 생길 거라는 확신이 들었다.

그러나 가족들의 생각은 달랐다. 미래의 '가능성'에 주목한 복진섭 씨와 달리 가족들은 '불확실성'을 강조했다. 게다가 한국이 아닌 낯선 타국에서 근 1년간 연수까지 받아야 하니, 가족들은 마냥 그의 선택을 응원할 수 없었다. 그러나 복진섭 씨의 결심은 확고했다. 사실 자신도 걱정스러운 점이 한두 가지가 아니었다. 하지만 자신은 아직 젊고, 도전은 젊음의 특권이자 상징이지 않은가. 가족들은 1년이라는 금쪽같은 시간을 '허비'할 수도 있다고 염려했지만 복진섭 씨는 그 시간이 자신의 삶에 큰 변화를 가져다줄 터닝 포인트가 될 수도 있다고 생각했다. 설령 가족들의 우려대로 1년의 시간을 헛되이 보낸다고 해도 그 염려 때문에 도전을 회피하고 싶지 않았다. 복진섭 씨는 단순히 일을 하고 싶은 것이 아니라 하고 싶은 일을 하고 싶었고, GYBM이 그 일을 찾는 길잡이가 되어주리라 생각했다.

그 누구도 복진섭 씨의 결심을 꺾을 수 없었다. 처음에 격렬하게 반대하던 아버지도 결국 그의 확고한 의지에 손을 들었다. 그렇게 그는 가족들의 반대를 극복하고 GYBM에 지원했고, 여러 단계를 거쳐 연수생으로 선발되어 베트남으로 떠났다.

복진섭 씨는 늦은 나이에, 명확한 목표를 가지고 GYBM에 도전했다. 그런 만큼 그가 GYBM 프로그램에 임하는 자세는 남달랐다. 하지만 그럼에도 불구하고 베트남에서의 연수생활은 결코 만만치 않았다. 1년이라는 짧은 시간 안에 평범한 대한민국 청년을 베트남 현지에서 당장 일해도 손색없는 글로벌 인재로 육성시키는 프로그램이다 보니 모든 과정이 쉽지 않았다. 새벽 5시 30분부터 밤 10시까지 군대를 방불케 할 만큼 빡빡한 스케줄이었다. 그 속에서 기본 역량, 어학 능력, 글로벌 역량, 리더십 역량, 직무 역량 등 필요한 교육이 이루어졌다. 특히 베트남어 교육은 대부분의 연수생들이 혀를 내두를 정도로 강도 높게 진행됐다.

복진섭 씨도 베트남어 때문에 힘들었던 적이 한두 번이 아니었다. 특히 아무리 공부를 해도 좀처럼 성적이 오르지 않을 때는 그 스트레스가 이만저만이 아니었다. 그러나 단 한 번도 포기하고 싶다는 생각을 한 적이 없었다. 애초에 쉬운 길이라고 생각하지도 않았고, 다디단 열매를 맛보기 위해서는 그만큼 고생과 희생이 뒤따라야 한다고 믿었기 때문이다. 게다가 운영진과 교육진이 연수생들의 교육에 혼신의 힘을 다했기 때문에 한시도 나태한 마음을 가질 수 없었다. 그 결과, 복진섭 씨를 비롯한 모든 연수생이 100퍼센트 취업에 성공하는 결실을 맺었다.

연수생활을 할 당시에는 그 과정이 너무 힘들어 혹독한 프로그램을 원망한 적이 한두 번이 아니었다. 하지만 복진섭 씨는 직장 생활을 하면서 왜 GYBM이 그토록 연수생들을 강하게 훈련시켰는지 절감하게 됐다. 그처럼 강도 높은 교육을 받지 않았다면 극복하기 어려울 정도로 타국에서의 직장생활은 결코 쉽지 않았다. 특히 그가 근무하는 회사는 베트남뿐만 아니라 중국, 말레이시아 등 다양한 국적을 가진 사람들이 일했기 때문에 언어적인 문제는 물론 문화적인 차이를 이해하는 것이 상당히 어려웠다. 그러나 그는 다양한 상황을 유연하게 받아들이며 주어진 문제들을 차근차근 해결해갔다. 이것이 가능했던 이유는 많은 인내가 필요한 GYBM 교육 과정을 통해 다양한 역량과 강한 의지, 그리고 끈기를 기를 수 있었기 때문이다. 덕분에 지금 그는 1,500여 명의 근로자들을 움직이는 관리자가 되었다.

그가 이처럼 고속승진을 할 수 있었던 것은 그만큼 능력이 뒷받침되기도 했지만 베트남이 하루가 다르게 급성장하는 나라이기 때문이다. 만약 한국이었다면 그가 다니는 규모의 회사에서 이처럼 빠른 승진은 불가능했을 것이다. 그러나 베트남은 무서운 속도로 성장하는 시장이었기에 누구나 열심히 하면 얼마든지 큰 기회를 잡을 수 있었다. 때문에 복진섭 씨는 베트남과 같은 기회의 땅에 오게 된 자신을 행운아라고 생각했고, 이런 값진 기회를 선사한 GYBM에 늘 고마움을 느꼈다.

복진섭 씨는 자신의 분야에서 누구에게나 인정받는 전문가가 되겠다는 더 큰 꿈을 꾸고 있었다. 그리고 이를 위해 최선을 다하면서, 언젠가 그 꿈을 달성하리라 믿어 의심치 않았다. 불과 몇 년 전 한국에 있을 때만 해도 상상할 수 없던 모습이었다. 암담한 미래에 방황하던 그가 몇 년 사이에 자신의 미래를 구체적으로 그리고 이를 이루기 위해 전념하는 비즈니스맨이 될 줄 누가 알았겠는가. 이 변화는 GYBM을 통해 국경 밖으로 나올 수 있었기에 가능한 일이었다. 때문에 그는 하루라도 빨리 더 많은 대한민국의 청춘들이 자신과 같은 변화를 경험하길 바랐다.

국경 밖에 얼마나 많은 기회가 있는지 인식하지 못하고 좁은 땅에서 피 튀기는 경쟁을 펼치며 방황하고 절망하는 대한민국 청춘들의 모습이 그저 안타까웠다. 그는 더 많은 청년들이 해외로 나와 자신의 잠재력과 역량을 마음껏 발산하며 밝은 미래를 꿈꾸고 만들어나가길 간절히 희망했다.

사실 GYBM이 아니었다면, 아니 더 엄밀히 말해 김우중 회장이 아니었다면 나와 복진섭 씨는 평생 만나지 못할 인연이었을지도 모른다. 복진섭 씨는 내가 GYBM을 탐방하는 과정에서 만난 대한민국 젊은이 중 하나였기 때문이다. 만약 내가 GYBM을 탐방할 기회가 없었다면 어떻게 복진섭이라는 이름의 청년을 만나기나긴 그의 해외시장 개척 도전기를 들을 수 있었겠는가.

GYBM이라는 연결고리가 있었기에 우리 두 사람의 인연은 이어질 수 있었다.

처음 내가 GYBM을 알게 된 것은 몇 년 전이었다. 대학교수이자 경영학자로서 평소 대한민국의 경제발전과 우리 젊은이들의 미래를 염려하던 나는 우연히 김우중 회장과 대우세계경영연구회의 활동에 대한 얘기를 듣게 됐다. 그리고 우여곡절 끝에 김우중 회장과 만나 대화를 나누고 직접 GYBM을 탐방할 기회까지 얻었다.

김우중 회장과 마찬가지로 오랫동안 '글로벌 인재 육성 없이 한국경제의 미래는 없다'고 줄기차게 주장해온 한 사람으로서 이 기회는 내게 두 번 다시 오지 않을 행운이었다. 나는 이 소중한 기회를 헛되이 날려버리지 않기 위해 그 무엇 하나 놓치지 않겠다는 마음으로 매 순간 최선을 다해 묻고, 듣고, 보고, 느꼈다.

GYBM은 우리나라 청년들을 도전정신과 근성이 강한, 마음과 생각이 굳센 글로벌 인재로 '잘' 키워내고 있었다. 이는 김우중 회장과 대우인들이 혼신의 힘을 다해 모든 역량을 쏟아부은 결과였다. GYBM의 젊은이들은 이들이 아낌없이 내어주는 모든 것을 스펀지처럼 흡수하며 놀라운 속도로 성장하고 있었다. 복진섭 씨도 그중 한 명이었다.

GYBM을 인연으로 만난 김우중 회장이 내게 가장 많이 했던 말이 있다.

"왜 우리 젊은이들이 해외로 나가지 않는지 이해가 안 돼요. 직장생활을 하든 창업을 하든 밖에 더 할 일이 많고 더 큰 기회가 있는데 말이에요. 자신감과 도전정신을 가지고 세계를 품어야 더 큰 기회를 잡을 수 있고 나라에도 보탬이 돼요. 작은 울타리 안에서 우리끼리 경쟁해서는 성장에 한계가 있어요."

한마디로 세계를 품어야만 한국 청년들의 미래가 있다는 얘기다. 그러니 김우중 회장의 말대로 좁은 한국에서 더 이상 미래가 없다 한탄하지만 말고 큰 꿈과 포부를 갖고 국경 밖으로 나가라. 이미 대우그룹을 통해 대한민국 '안'보다 '밖'에 더 많은 기회와 가능성이 있음을 세상에 증명한 그의 말이기에 더욱 귀 기울일 필요가 있다.

날이 갈수록 모든 영역에서 세계와 경쟁과 협력을 해야 하는 글로벌 시대로 급변하고 있는 만큼 이 말을 더더욱 가슴 깊이 새겨야 한다. 특히 땅덩이도 작고 천연자원도 부족해 필연적으로 국경 밖에서 살길을 찾아야 하는 숙명을 지닌 한국의 청년들은 그 어떤 나라, 어떤 민족보다 적극적으로 세계로 뻗어나가야 한다. 우리 청년들에게는 재고, 따지고, 망설일 시간이 없다. 복진섭 씨를 비롯한 GYBM의 젊은이들처럼 자신감과 도전정신을 가지고 글로벌 인재가 되기 위한 준비와 노력을 해야 한다.

이 책에는 '왜 우리 젊은이들이 세계무대로 나가야 하는지', 또 '우리 젊은이들이 가장 강력한 힘을 발휘할 수 있는 해외 시징은 어디인지', '경쟁력 있는 글로벌 인재가 되려면 어떻게 해야 하는지'에 대한 이야기가 담겨 있다. 때문에 이를 하나의 좌표로 삼아 도전정신을 가지고 노력을 다한다면 누구든 좋은 결실을 맺으리라 본다. 우리 청년들은 그 어떤 일도 해낼 수 있을 만큼 충분히 훌륭하니 말이다.

GYBM의 주역들은 한국에서 남들보다 월등한 실력과 능력을 갖춘 이른바 '잘나가는' 인재들이 아니었다. 대부분이 한국에서 '평균'에 해당하는 청춘들이었다. 다만 한 가지 특별한 점이 있다면 복진섭 씨처럼 과감하게 도전했다는 것이다. 그러니 대한민국의 청년들이여, 불굴의 도전정신으로 세계를 품어라. 국경 밖으로 나가라. 지금 우리 청년들에게 가장 절실히 필요한 것은 화려한 스펙이 아니라 김우중 회장이 강조하고 또 강조하는 도전정신이다.

어떤 어려움에도 굴하지 않는 도전정신으로 무장하고 세계무대로 나간다면 GYBM의 젊은이들을 비롯해 이 땅의 모든 청년들이 얼마든지 제2, 제3의 김우중과 같은 글로벌 사업가와 비즈니스맨이 될 수 있다고 믿는다. 이 책이 우리 청년들 안에 움츠린 도전정신을 촉발하는 도화선이 되기를 간절히 희망하며, 그럴 수만 있다면 필자로서 더 이상 바랄 게 없겠다.

박영렬

차례

PART 2

도전자에게는 언제나
세계는 넓고 할 일은 많다

GLOBAL

YOUNG

BUSINESS

MANAGER

PART 1

가장 절실한
마음으로
시작한
마지막 도전

01 — 경제 거인의 끝나지 않은 여정

가슴 뛰는 인연의 시작

나는 경영학자이자 대학교수다. 그러다 보니 직업 특성상 지척에서 여러 사회적 상황, 특히 취업의 어려움으로 좌절에 빠져 괴로워하는 젊은이들을 목격하는 일이 많다. 그때마다 내가 느끼는 안타까움은 이루 말할 수 없었고, 시간이 지날수록 이 안타까움은 무엇이든 해야 한다는 절박함으로 변했다. 그래서 늘 어떻게 하면 우리 젊은이들에게 미래에 대한 꿈과 희망을 심어줄 수 있을까 고민했다. 그 끝에 한결같이 도달하는 결론은 저성장의 늪에 빠진 한국경제가 살아나고 성장의 길을 걸어야 한다는 것이었다. 취업의 어려움이 이 땅의 젊은이들을 실의에 빠뜨리는 가장 주요한 원인인 만큼 한국경제의 회복과 성장 말고는 이들의 밝은 미래를 보장할 뾰족한 대안이 없었다. 그러나 이것이 어디 쉬운 일인가. 누구 하나 잘한다고 되는 일도, 특단의 조치를 취하지 않는 이상 짧은 시간에 이루어질 일도 아니었다. 한국 사회가 모두 나서서 저성장의 늪에 빠진 국가경제를 뿌리부터 회복시키려는 노력 없이는 실현 불가능한 일이었다. 게다가 여러모로 이에 대한 노력이 미흡한 실정이라 내가 느끼는 안타까움과 절망감은 더욱 컸다.

그러던 중, 나는 우연히 귀가 번쩍 뜨이는 소식을 듣게 됐다. 1999년 해체된 대우그룹의 임직원들이 설립한 대우세계경영연구회가 창업주 김우중 회장의 주도로 베트남에서 글로벌 인재 양성 프로그램을 운영하고 있다는 얘기를 들은 것이다. 그들은 이를 통해 청년 실업 문제를 해소하고 글로벌 경쟁력을 갖춘 우량 중소기업을 육성하며, 더 나아가 세계시장을 주도할 해외 사업가를 기르기 위해 노력하고 있었다. 그 누구보다 간절하게 한국경제의 밝은 미래를 꿈꾸고, 인재 양성의 필요성을 줄기차게 주장해온 나에게 이보다 가슴 벅찬 희소식은 없었다.

나는 오랫동안 글로벌 인재 양성 없이 한국경제의 미래는 없다고 주장해왔다. 글로벌 인재를 통해 한국의 기업들이 강력한 경쟁력을 갖출 때에만 국가경제의 회복과 성장이 가능하다고 보았다. 그러나 안타깝게도 현실은 정반대로 흘러갔다. 인재를 자체적으로 양성할 수 있는 자원과 능력을 가진 대기업마저도 단기적인 수익에 몰두해 이에 대한 투자를 등한시했고, 정부의 지원도 미흡했다. 이런 와중에 김우중 회장과 대우인들의 소식을 들었으니 그 마음이 어떠했겠는가. 게다가 평소 기업경영의 역사를 연구하며 김우중 회장의 기업가정신과 대우그룹의 핵심 경영전략이었던 '세계경영'에 지대한 관심을 가지고 있던 터라 내가 느낀 반가움과 기쁨은 더욱 컸다. 이 소식을 접한 뒤 나는 한시라도 빨리 GYBM에 대해 알아보고 싶었다. 그렇게 벼르고 벼르다 이 프로그램을 운영하는 대우세계경영연구회에 연락을 취했고, 다행스럽게도 연구회가 GYBM에 대한 나의 관심을 우호적으로 받아들여 김우중 회장과 대화를 나눌 수 있는 자리까지 마련해주었다.

사회와 국가를 위한 마지막 봉사, GYBM

약속 시간에 맞춰 남산 힐튼호텔 중식당에 들어서자 낯익은 얼굴이 눈에 들어왔다. 김우중 전 대우그룹 회장이었다. 그와 일대일로 면담할 수 있는 기회가 흔치 않은 만큼 나는 약속이 잡힌 순간부터 많은 시간과 공을 들여 철저히 준비했다. 그러나 만반의 준비를 하고 왔음에도 불구하고 막상 그의 모습을 보자 긴장감으로 가슴이 뛰기 시작했다.

내가 긴장한 이유는 크게 두 가지가 있었다. 우선 그가 삼성의 이병철 회장, 현대의 정주영 회장과 함께 대한민국 산업사에 뚜렷한 족적을 남긴 전설적인 존재였기 때문이다. 지금 젊은이들은 잘 모를 수도 있지만 김우중 회장은 어떤 기업인보다도 한국경제에 크고 깊은 발자취를 남긴 인물이다. 그가 이끌던 '대우그룹의 성장 과정'이 곧 '한국경제 발전의 궤적'이라고 해도 과언이 아닐 정도로, 그는 시대를 역동적으로 이끌면서 늘 새로운 도전에 앞장서 오늘의 대한민국을 있게 한 국가경제 성장의 주역이었다. 그의 삶을 좀 더 깊게 들여다보면 왜 그가 대한민국 산업사에서 신화적인 존재로 여겨지는지 그 이유를 잘 알 수 있다.

김우중 회장은 1936년 대구에서 6남매 중 4남으로 태어나 열다섯 살 때부터 가난한 집안의 가장 노릇을 했다. 집안의 기둥인 아버지가 납북되었기 때문이다. 따라서 그의 청소년기는 결코 행복하다고 말할 수 없었지만 그는 단 한 번도 자신의 현실에 낙담하거나 불행하다고 생각한 적이 없었다. 다들 어렵고 가난하던 시절이기도 했거니와 그에게는 무엇과도 바꿀 수 없는 값진 젊음과 할 수 있다는 자신감, 그리고 미래에 대한 꿈과 희망이 있었기 때문이다.

그는 어떤 순간에도 좌절하지 않고 자신에게 주어진 삶에 감사하며 매사에 최선을 다했다. 덕분에 25세에 연세대학교를 졸업하고 무역회사인 한성실업에 입사한 뒤, 채 5년이 되지 않아 이사의 자리까지 초고속 승진을 했다. 유능한 그를 놓치고 싶지 않았던 한성실업 대표는 그가 사표를 제출하자 끝까지 이를 수리하지 않았다. 결국 김우중 회장은 한성실업이 사표를 받아줄 가능성이 희박하다고 판단하고 무단결근을 감행, 겨우 회사를 그만둘 수 있었다. 이런 그가 대우그룹의 전신인 '대우실업'을 설립해 사업을 시작한 것은 만 30세가 되던 해인 1967년이었다. 사업을 시작한 김우중 회장은 단돈 500만 원의 자본금으로 설립한 대우실업을 불과 30여 년 만에 한국 재계 순위 2위, 신흥국 출신 세계 최대 다국적 기업으로 키워냈다.

그야말로 드라마나 영화 속에서나 볼 법한 그의 성공스토리는 당시 세간의 큰 주목을 받았다. 많은 사람들이 그가 이룬 빛나는 성취를 '대우신화'라고 부르며 그에게 아낌없는 찬사와 사랑을 보냈다. 1994년 한국갤럽 설문조사 결과 한국인이 가장 좋아하는 기업인 1위에 오를 정도로 그는 한국 사회가 가장 좋아하고 존경

하는 기업인이었다. 나 역시 그중 한 사람이었다. 사업가로서 그가 가진 어마어마한 역량과 타의 모범이 되는 기업가정신, 경영철학 등은 나에게 깊은 인상을 주었다. 이것이 내가 그와의 만남에 긴장했던 두 번째 이유다. 한때 나에게 롤 모델일 정도로 전설적인 존재였기 때문에 그와 얼굴을 마주하고 대회를 니눈다는 깃 자체가 내게는 믿기지 않는 현실이자 더없는 영광이었다. 그러니 내가 어떻게 마음 편히 그를 만날 수 있었겠는가. 아무리 애를 써도 내 의지와 상관없이 긴장할 수밖에 없었다. 이 마음을 아는지 모르는지 김우중 회장은 나를 향해 환한 미소를 지으며 악수를 건넸다. 손을 내밀며 나를 바라보는 눈빛이 얼마나 따뜻한지 거짓말처럼 마음이 한결 편해졌다.

시간은 누구에게나 공평하게 흐른다고 했던가. 김우중 회장은 거침없이 세계시장을 개척하는 모습이 꼭 몽고군을 이끌고 동서양을 동시에 장악했던 칭기즈칸과 닮았다 하여 한때 '킴기즈칸'이라고 불렸다. 그렇게 경영자로서 세계적인 명성을 날리던 김우중 회장도 시간의 흐름은 거스를 수 없었던 듯 얼굴에서 세월의 흔적이 고스란히 느껴졌다. 발음도 약간 불분명하고 청력도 그다지 좋지 않았다. 그러나 이를 제외하고는 건강상에 큰 문제는 없어 보였다. 과거 여러 차례 큰 수술을 받을 정도로 건강이 좋지 않았기에 그가 건강관리에 많은 신경을 쓰고 있음을 짐작할 수 있었다.

사실 그는 사업을 시작한 이후 한 번도 병원 신세를 진 적이 없을 만큼 건강 제일이었다. 이런 그의 건강에 적신호가 켜지기 시작한 것은 1997년 한국에 상륙한 외환위기로 대우가 휘청거릴 때부터였다. 물론 당시 회사 경영에, 전국경제인연합회 회장까지 맡으면서 몸을 혹사시킨 것도 사실이었다. 하지만 그의 건강이 급격하게 악화된 결정적인 이유는 외환위기 극복 방안을 두고 그와 첨예한 대립각을 세우던 정부의 가혹한 '대우 옥죄기'로 큰 스트레스를 받았기 때문이었다.

당시 한국 정부는 외환위기의 결정적인 원인을 금융과 기업 부문의 '구조적인 문제'로 보고 강력한 '구조조정'을 단행하고자 했다. 이는 IMF의 입장이기도 했다. IMF는 금융과 기업의 구조적인 문제로 한국이 외환위기에 직면한 만큼 구조조정을 통해 이들 부문에 과감하게 메스를 대야 한다고 주장했다. 그러나 김우중 회장의 생각은 달랐다. 그가 생각하는 외환위기의 원인은 금융의 문제이지 기업의 문제가 아니었다. 오히려 정부나 IMF의 요구대로 뼈를 깎는 기업 구조조정을 단행할 경우, 건실한 국내 기업들과 한국경제의 경쟁력을 약화시켜 우리와 경쟁 구도에 있는 선진국들을 도와주는 격이 된다고 생각했다. 이에 그는 기업 구조조정을 하는 대신 적극적인 수출 확대를 통해 외환 보유

액을 늘려 외환위기를 극복하자고 목소리를 높였다. 구조조정으로 기업들을 움츠리게 하기보다는 수출에 더욱더 전심전력을 다하도록 도와, 그렇게 벌어들인 돈으로 빚을 갚자는 얘기였다. 그러나 IMF와 정부의 입장은 단호했고, 김우중 회장 역시 자신의 뜻을 굽히지 않았다. 그 과정 속에서 정부와 김우중 회장 사이에 잦은 갈등이 이어졌다. 결국 대우는 '구조조정을 가장 등한시한 재벌'로 낙인 찍히면서 돈줄이 막혀 그룹이 해체되는 비운을 맞이했다.

대우의 몰락에 대해 이와 전혀 다른 관점에서 해석하는 사람들도 있기 때문에 어느 주장이 옳다고는 단언할 수 없다. 그러나 김우중 회장의 입장에서는 너무나도 억울한 몰락이었다. 그는 이 생각만 하면 밥도 넘기지 못할 정도로 그 원통함과 마음의 상처가 컸다. 설상가상으로 이로 인해 불명예 퇴진까지 당했다. 그의 입장에서는 '억울하고 통탄할' 혐의까지 받고 나라 밖으로 내쳐져 6년에 가까운 시간을 타국에서 보내야 했으니, 그 심적 고통이 얼마나 컸겠는가. 이 고통은 마음의 병이 되고 몸의 병이 되어 그를 괴롭혔다. 오랫동안 다른 생각을 할 여유가 없을 정도였다. 이런 그가 어느 정도 건강이 회복되자 우리 청년들을 글로벌 인재로 육성하는 새로운 도전을 시작했으니, 그의 멈추지 않는 도전 정신에 어떻게 감탄하지 않을 수 있겠는가. 예전에도 그랬듯 지금도 그는 대한민국 청년들에게 좋은 본보기와 밝은 등불이 되어 줄 인물이며, 그 어느 때보다 힘겨운 시간을 보내고 있는 지금 젊은 세대에게 더더욱 필요한 손재였다.

"건강해 보이십니다."

딱딱한 분위기도 풀 겸 이 말을 건네자 내 예상대로 그는 입가에 살짝 미소를 지으며 요즘 특히 건강을 지키기 위해 노력한다고 말했다. 그런데 그 이유가 특별했다. 단순히 오래 살고자 하는 인간적인 욕구 때문이 아니라 GYBM을 성공시키기 위해 필요한 자산이라고 생각하기 때문이었다.

"이제 나는 나이가 들어서 사업을 직접 하기가 어려워요. 그래서 우리 젊은이들이 나 대신 세계에서 사업을 할 수 있는 시스템을 만드는 데 여생을 바치려고 합니다. GYBM 출신들이 성공하는 모습을 내 생전에 볼 수 있다면 그보다 더 큰 보람은 없을 것 같아요. 이 친구들이 성공해서 제2, 제3의 대우가 나오고 한국경제가 선진화되면 비로소 내 꿈이 달성되는 것입니다. 그래서 더 노력해서 내 건강을 지키려고 해요."

이 말을 통해 나는 GYBM에 임하는 그의 비장한 마음을 엿볼 수 있었다. 그에게 GYBM은 돈을 벌기 위한 목적의 단순한 사업이 아니었다. '사회와 국가에 대한 마지막 봉사'라는, 공공을 위한 대의를 품고 추진하는 사업이었다. 아래의 설립 취지만 봐도 그가 어떤 마음으로 GYBM을 이끌고 있는지 짐작할 수 있다.

- 국가의 미래를 이끌어갈 젊은 인재들을 발굴, 육성하여 글로벌 리더로 양성한다.
- 심각한 사회 문제로 대두된 청년 실업 해소에 적극 기여한다.
- 글로벌 실무 능력을 갖춘 인재를 구하지 못해 어려움을 겪는 우리나라의 해외 진출 중소기업들에 인재를 제공하여 구인난 해소와 글로벌 경쟁력을 높이는 데 일조한다.
- 우리 청년들을 현지 내 글로벌 지향 기업 등에 꼭 필요한 인재로 성장할 수 있도록 돕는다.

그에게 국가와 민족을 지극히 사랑하는 마음이 없었다면 시작조차 할 수 없었던 도전이 바로 GYBM이었던 것이다.

김우중 회장이 써나가는 또 하나의 성공신화

대우가 창업할 당시 전반적인 한국 사회 분위기는 수출을 히면 오히려 밑진다는 의식이 팽배했다. 거의 모든 기업들이 수출을 통해 해외시장을 개척하겠다는 생각을 전혀 하지 않고 내수시장에만 주력했다. 때문에 대우가 그 누구보다 먼저 해외시장 개척에 나섰을 때 대부분이 보인 반응은 냉소적이었다. 그러나 김우중 회장은 전혀 개의치 않고 과감하게 해외시장을 개척해 대우를 단시간에 한국을 넘어 세계적인 기업으로 성장시켰다. 그 성장 속도는 한국은 물론 세계사에서도 유례를 찾을 수 없을 정도로 매우 빨랐고, 그 성공스토리가 기적에 가깝다고 하여 세상은 이를 '대우신화'라고 불렀다.

대우가 김우중 회장의 진두지휘 아래 적극적으로 해외시장 개척활동을 펼쳐 큰 결실을 맺자 처음에 회의적인 반응을 보이던 다른 국내 기업들도 앞다퉈 해외 진출에 나섰다. 대우는 한국 최초로 해외시장이 우리에게 얼마나 크고 많은 기회를 선사하는 경제영토인지 알려 한국경제의 해외시장 개척에 포문을 연 장본인이었던 것이다. 뿐만 아니라 몇몇 국내 기업들과 함께 대한민국이 '한강의 기적'을 이루는 데 선도적인 역할을 했으니, 한국의 기업사와 경제 발전사에 대우가 기여한 바는 실로 크지 않을 수 없다.

대우그룹의 사훈社訓이 무엇인지 아는가? '창조', '도전', '희생'이다. 도전을 구성원들이 지켜야 할 방침으로 내세울 정도로 대우는 도전을 중시하고 이를 통해 성장한 기업이었다. 대우는 도전과 개척정신으로 비즈니스 기회가 있는 곳이라면 세계 어디든 달려가 불모지나 다름없는 경제영토를 개척했다. 그 결과 대우가 그룹의 핵심 경영전략인 '세계경영'을 활발하게 전개해 무서운 기세로 국경 밖으로 뻗어나가며 개척한 해외시장이 한두 곳이 아니었다. 미국과 유럽은 물론 당시 한국 정부와 외교 관계를 맺지도 않았던 수단, 나이지리아, 리비아, 앙골라, 알제리, 중국, 헝가리, 체코, 소련 등에까지 경제영토를 확장해나갔다.

그 힘은 김우중 회장과 대우의 도전적인 자세와 개척정신에서 비롯된 것이었다. 멈추지 않는 도전정신과 불굴의 개척정신이 있었기에 대우는 해외시장 개척을 통해 창립한 지 불과 30여 년 만에 신화에 가까운 놀라운 성취를 이루어냈다. 특히 대우그룹의 창업주이자 수장인 김우중 회장이 도전을 두려워하지 않고 소유보다는 성취를 중요하게 생각하는 기업가였기에 대우는 한국경제를 좌지우지하고 세계에서도 인정받는 거대 기업으로 성장할 수 있었다.

만약 그가 도전을 회피하고 현실에 안주하며 소유에 집착하는 기업가였다면 어땠을까? 대우는 어느 정도 성공을 이룰 수 있었을지는 모르나 한국 기업사를 대표하는 기업이 되지는 못했을 것이다. 이런 그가 '아직도' 세계는 넓고 할 일은 많나며 새롭게 시작한 도전이 GYBM이다. 그는 GYBM을 통해 제2, 제3의 김우중, 대우맨을 육성해 대한민국 국가경제와 우리 젊은이들의 밝은 미래를 위한 경제영토를 드넓게 확장해나가겠다는 원대한 포부를 갖고 있다. 그리고 이 일에 온 힘을 쏟고 있으니, 킴기즈칸의 진두지휘 아래 리틀 김우중, 신新 대우맨 양성소인 GYBM이 앞으로 어떤 신화를 써나갈지 무척 기대가 된다.

그 시작은 청년 실업 문제 해소였다

GYBM은 김우중 회장이 보국안민輔國安民의 마음으로 추진하는 사업이었다. 그런 만큼 GYBM의 운영비는 일부분만 국가에서 지원받고 그 나머지는 모두 대우인들이 십시일반으로 내는 회비와 특별 기부금 등으로 충당하고 있었다. 국가에서 도움을 받기 시작한 것도 얼마 되지 않는다. 그 이전까지는 어려운 상황 속에서도 김우중 회장과 대우인들이 운영비 일체를 감당했다. 덕분에 GYBM의 젊은이들은 개인적으로 필요한 경비를 제외하고 숙식비, 항공비, 체재비, 어학 연수비, 미션 수행비, 보험비 등 연수 과정에 드는 그 어떤 비용도 지불하지 않았다. 모든 것이 무료였다. 또한 GYBM은 교육 수료 후 모든 졸업생이 해외 현지 기업에 취입힐 수 있도록 연결해주고, 취입힌 후에도 회사에 안정적으로 자리 잡을 때까지 국내외 멘토들이 사후관리를 해주었다. 또한 앞으로 일정 기간 근무한 후에는 취업뿐만 아니라 창업도 할 수 있도록 지원할 예정이다. 한마디로 GYBM은 '교육＋취업＋창업＋멘토링'이 한 묶음으로 진행되는, 취업과 창업이 확실하게 보장되는 매우 실질적인 프로그램이다.

김우중 회장이 적지 않은 돈을 투입해 우리 젊은이들을 교육시키고 이들의 취업과 창업까지 온전히 책임지려고 하는 단 하나의 이유는 이 사업이 사회와 국가를 위한 일이라고 생각하기 때문이다. 오직 그 마음 하나로 그는 GYBM을 이끌고 있었다.

GYBM은 스펙 쌓기나 단순 체험에 불과한 대다수의 해외 인턴십과 취업 프로그램과는 차원이 다른, 확실하게 취업과 창업으로 이어지는 매우 획기적이고 매력적인 프로그램이다. 여러 사회적 상황 때문에 미래의 꿈과 희망을 잃고 실의에 빠져 방황하는 지금의 젊은이들에게 마치 맞춤옷처럼 꼭 맞는 프로그램이 바로 GYBM이었다. 나는 GYBM을 알게 될수록 이 땅의 청년들에게 빨리 소개하고 싶은 마음이 점점 더 간절해졌다. 동시에 언제부터 김우중 회장이 지금 젊은 세대들의 요구에 정확하게 부합하는 이런 획기적인 글로벌 인재 양성 프로그램을 구상하게 되었는지 궁금했다. 나는 김우중 회장에게 GYBM을 시작하게 된 구체적인 스토리를 물었다.

"베트남에서 요양을 하고 있을 때였어요."

일단 운을 뗀 그는 그 시절의 기억을 다시 한 번 정리하려는 듯 잠시 허공을 바라보며 침묵했다. 하지만 그 시간은 그리 길지 않았다. 그는 이내 말을 이어갔다.

"오랫동안 건강이 좋지 않았어요. 그러자 의사가 나에게 따뜻한 나라에 가서 요양을 하면 어떻겠냐고 권하더군요. 그 권유대로 나는 주로 베트남에서 머물며 지냈는데, 한국에서 계속 청년 실업 문제가 심각해지고 있다는 얘기가 들려왔어요. 청년 실업은 기본적으로 국내 일자리가 줄어들고 있기 때문에 벌어집니다. 여러 가지 이유로 한국이 그런 어려운 상황인데, 이 상태에서는 청년들이 국내에서 일자리를 찾기가 어려워요. 해외로 구직 범위를 확대하지 않고는 청년 실업을 해소하는 것이 불가능합니다. 그런데 때마침 내가 있던 베트남이 경제가 빠르게 성장하면서 각 부문에서 일자리가 많이 만들어지고 있었어요. 이 모습을 보면서 나는 '우리 젊은이들이 이곳으로 나와서 취업을 하면 되지 않을까?'라고 생각하게 됐습니다."

　일자리를 구하지 못해 고통받고 있는 대한민국 젊은이들을 향한 김우중 회장의 안타까움이 GYBM을 시작한 결정적인 동인動因이 된 것이다. 즉, GYBM의 시작은 거창하지 않았다. 국가와 민족을 지극히 사랑하는 김우중 회장이 청년 실업 문제를 해소하는 데 미력하나마 보탬이 되고자 시작한 사업이 바로 GYBM이었다. 5대양 6대주를 누비며 수많은 세계시장을 개척해 대우를 단기간에 국내 5대 재벌, 신흥국 출신 세계 최대 다국적 기업으로 키운 그를 생각할 때, GYBM은 그가 아주 소박한 마음으로 시작한 도전이라고 할 수 있다. 그러나 평생 대한민국의 젊은이들을 지극히 아끼고 사랑한 그를 떠올리면 GYBM은 그가 가장 절실한 마음으로 시작한 도전이기도 했다.

대한민국 젊은이를 지극히 사랑한 경영자

김우중 회장은 그 누구보다도 대한민국 청년들에 대한 사랑이 지극한 경영자였다. 몸이 점점 회복되는 중이었지만 건강이 좋지 않았던 그가 바다 건너 고국에서 들려오던 우리 젊은이들의 우울한 소식에 그토록 가슴 아파했던 것도 이들에 대한 사랑이 매우 깊었기 때문이다. 그 지극한 사랑을 단적으로 보여주는 예가 1989년에 출간된 그의 저서, 《세계는 넓고 할 일은 많다》다. 당시 대우조선의 경영정상화를 위해 서세노 옥포에 내려간 김우중 회장은 그곳에서 일하는 젊은 근로자들과 오랜 시간 함께 생활했다. 그러다 어느 날 문득 옥포만의 달빛을 바라보다가 이 땅의 젊은이들을 위한 글을 써야겠다는 결심을 했다. 그리고 그 결심대로 눈코 뜰 새 없이 바쁜 와중에도 틈틈이 짬을 내어 글을 집필했다.

그가 처음 젊은이들을 위한 글을 써야겠다는 생각을 가진 것은 오래전의 일이었다. 우리나라의 미래는 전적으로 젊은이들에게 달렸다고 본 김우중 회장은 그들을 유달리 사랑했다. 그래서 자신이 기업을 경영하며 겪었던 체험과 그 속에서 얻은 지혜, 교훈을 중심으로 자신의 이야기를 풀어내 젊은이들에게 아낌없는 조언과 격려를 하고자 했다. 하지만 바쁜 일정으로 좀처럼 기회가 생기지 않았다. 그러던 차에 옥포에서 젊은 근로자들과 함께 생활하면서 그 생각이 더욱 간절해져 마침내 오랫동안 벼르고 벼르던 집필을 시작한 것이다.

우여곡절 끝에 탄생한 《세계는 넓고 할 일은 많다》는 당시 150

만 부가 팔려나갈 정도로 공전의 히트를 기록했다. 이 책이 세간의 화제가 되었던 이유는 단순히 자신의 경영철학이나 노하우가 담긴 기존 기업인들의 책과는 판이하게 달랐기 때문이나. 책의 부제가 '내 사랑하는 젊은이들에게'일 정도로 이 책은 처음부터 끝까지 뜨거운 열정과 확고한 신념, 그리고 끝없는 도전정신으로 한국경제를 세계 속에 우뚝 세운 한 기업의 경영자로서, 또 인생 선배로서 이 땅의 젊은이들을 지극히 염려하고, 꾸짖고, 응원하는 메시지로 가득 차 있다. 즉, 《세계는 넓고 할 일은 많다》는 대한민국 젊은이들을 각별히 사랑하는 김우중 회장이 이들에게 보다 의미 있고 가치 있는 삶을 살기를 바라는 마음을 담아 보낸 소망의 편지이자 삶의 지침서였다.

젊은이들에 대한 그의 각별한 사랑은 여기서 멈추지 않았다. 특별히 이들만을 위한 책을 따로 쓰는 것도 모자라 매번 기회가 생길 때마다 우리나라 젊은이들의 중요성을 강조했다. 또한 그 어떤 순간에도 무한한 가능성과 잠재력을 가진 젊은이들을 외면하지 않았다. 그가 대우그룹의 핵심 경영전략인 '세계경영(1993~2000년)'을 활발하게 전개하던 시기에 운동권 출신 젊은이들을 대거 채용한 것은 그 대표적인 예라고 할 수 있다. 당시 김우중 회장은 학생운동을 한 전력으로 사회에서 외면받던 젊은이들을 적극적으로 받아들였는데, 이에 대해 주위의 우려가 적지 않았다. 이들이 혹 회사에서 문제를 일으키지 않을까 염려됐기 때문이다. 실제로 대우그룹에 들어온 운동권 출신 중에 지속적으로 노동운동을 벌이다가 법적 처벌을 받은 이들도 있었다. 그러나 김우중 회장은 크게 개의치 않고 이들을 결코 포기하지 않았다. 그 이유를 묻자 김우중 회장은 이렇게 대답했다.

"대우가 세계경영을 할 때 학생운동을 하다가 취직을 못 하고 있던 젊은이들을 적극 채용했어요. 좋은 대학을 나왔으니 기본 능력은 있을 테고, 학생운동을 한 친구들이니 공동체에 대한 소명의식도 있을 거라고 생각했지요. 그러니까 개인적인 욕망을 버리고 그런 일을 할 수 있는 것 아니겠어요? 그래서 이 친구들을 입사시킨 뒤에 대화도 많이 나누고 연수도 굉장히 오래 시켰어요. 그런데도 계속 노동운동을 하다가 감옥에 가는 친구들이 있었어요. 그러면 내가 직접 먹을 것을 들고 이 친구들을 찾아가기도 했습니다. 왜냐하면 이런 친구들이 마음을 고쳐먹으면 일을 참 잘하거든요. 이 친구들은 소명의식이 있기 때문에 개인적으로든 사회적으로든 의미 있는 일을 발견하면 그 목표를 달성하기 위해 도전하고 변화를 추구하는 면이 있어요. 실제로 세상 물정 모르고 정의감만으로 사회운동을 하던 이 친구들을 세계경영 현장에 내보냈더니, 사회주의권이 무너지고 변화하는 세상을 보고는 새로운 환경에 금방 몰입해서 일을 정말 잘 하더라고요."

사회운동 전력 때문에 세상에서 외면받는 젊은이들도 그에게는 단지 대한민국의 미래를 이끌어갈 무한한 잠재력과 가능성을 가진 젊은 청춘일 뿐이었던 것이다. 특히 운동권 출신의 젊은이들은 사회적으로 의미 있는 일에 헌신하고자 하는 소명의식까지 있다고 판단했기 때문에 그는 이들을 대거 채용하는 과감한 결단을 내렸다. 이 땅의 젊은이들에 대한 굳건한 믿음과 확신, 그리고 지극한 사랑이 없었다면 결코 불가능한 일이었다.

N포 세대? 여전히 우리 젊은이들은 대단하다

처음에 GYBM은 우리 젊은이들을 가슴 깊이 사랑했던 김우중 회장의 안타까움에서 시작되었다. 그는 오직 그 지극한 마음으로 우리 젊은이들을 글로벌 전문 인재로 육성하고자 했다. 그러나 처음 이 뜻을 품었을 때, 마음 한구석에 한 가지 의구심이 자리하고 있었다. 그에게 젊은이는 곧 국가의 미래를 책임지는 무한한 가능성과 잠재력의 존재였지만 지금의 젊은 세대에게는 확신이 서지 않았던 것이다. 1999년 대우그룹이 해체된 이후 경영 일선에서 물러나 주로 해외에서 머물렀기에 김우중 회장이 가진 의구심은 너무도 당연한 것이었다. 언론을 통해 언급되는 지금 젊은이들의 모습은 삼포 세대(연애, 결혼, 출산을 포기한 세대)를 넘어 내 집 마련과 인간관계는 물론 꿈과 희망, 그리고 모든 삶의 가치를 포기해 더 이상 포기할 것이 없다 하여 'N포 세대'라고까지 불리는 한없이 무기력하고 절망적인 존재였기 때문이다. 김우중 회장은 이런 젊은이들에게 과연 한국의 미래를 맡겨도 되는지 염려스러웠다. 아무리 우리 젊은이들에 대한 사랑이 깊어도 애초에 이들의 '싹수'가 노랗다면 새로운 도전을 시작하는 의미가 없었기 때문이다. 이 도전은 근본적으로 지금의 젊은 세대들이 한국의 미래를 짊어지고 갈 만큼 충분한 잠재력과 가능성을 가진 존재라는 확신이 서야 시작할 수 있었다.

김우중 회장의 우려가 더더욱 컸던 이유는 그의 눈에 지금의 젊은 세대들은 사회나 국가를 위해 그 어떤 희생도 하지 않고 남 탓만 하며 스스로를 좌절의 구렁텅이로 빠뜨리는 존재로 보였기 때문이다.

오래전부터 김우중 회장은 젊은이들에게 희생정신을 강조해왔다. 그는 한 세대의 희생 없이는 나라의 번영과 발전이 불가능하다고 보았다. 또한 대한민국이 한국전쟁 이후 '한강의 기적'이라고 불릴 만큼 눈부신 고속성장을 이룰 수 있었던 것은 자신의 세대가 후손에게 가난한 나라를 물려주지 않으려 온 힘을 다해 노력했기 때문이라고 생각했다. 따라서 대한민국이 내일을 이끌어 갈 젊은이들은 다음 세대를 위해 자신에게 주어진 일에 혼신의 노력을 다하는 투철한 사명감과 희생정신이 있어야 한다고 보았다. 이러한 정신이 없는 사람은 젊은이의 자격이 없다고까지 생각했다. 이처럼 강한 어조로 젊은이의 희생정신을 강조하던 그의 눈에 과거 세대와 달리 공동체를 위해 무엇 하나 뚜렷하게 이바지한 것 없이 죽는소리만 하는 지금의 젊은 세대가 어떻게 비쳤겠는가.

그러나 김우중 회장은 자신의 생각만으로 대한민국의 젊은 세대들을 섣불리 판단할 수 없다고 보았다. '자신이 옳다고 여기는 사람만큼 무서운 것은 없다'는 말이 있듯 그는 한쪽으로 치우친 편협한 생각과 고정관념이 얼마나 위험하고 어리석은지 인생을 살면서, 또 기업을 경영하면서 수없이 목격했기 때문이다. 뿐만 아니라 우리 젊은이들을 사랑하는 마음이 각별했던 만큼 이들을 위해 어렵게 품은 뜻을 쉽게 꺾을 수는 없었다. 이에 김우중 회장은 몇몇 대학교수들을 초대해 토론회를 가졌다. 이들은 교육현장 일선에서, 젊은이들과 가장 가까운 곳에서 호흡하는 만큼 자신이 품고 있는 의구심에 답을 제시해줄 것이라 생각했다.

당시 토론의 주제는 '과연 우리 젊은이들을 어떻게 볼 것인가?'였다. 그리고 이에 대한 결론을 새로운 도전을 시작하느냐 마느냐를 결정하는 중요한 판단 기준으로 삼을 예정이었다. 김우중 회장과 교수들은 며칠에 걸쳐 열띤 토론을 벌였다. 그 결과는 어땠을까? 김우중 회장의 입을 빌려 들어보자.

"나는 한 세대의 희생으로 다음 세대의 발전 터전이 만들어진다고 생각해요. 예를 들어 독립운동에 몸 바친 선조들 덕분에 우리는 해방된 조국에서 살 수 있었고, 끼니를 굶으면서 교육시킨 부모 세대 덕분에 그 자식들이 경제발전의 기수가 될 수 있었어요. 그리고 학생운동을 하면서 민주화를 위해 헌신한 세대 덕분에 우리 사회가 발전할 수 있었지요. 그런데 지금 젊은이들은 사회와 국가를 위해 아무런 희생도 한 적이 없어요. 한때는 '과연 이들에게 우리의 미래를 맡겨도 될까?' 하는 의문을 가졌던 적도 있었습니다. 그래서 교수들을 초대해 토론을 했는데, 대다수가 지금의 젊은이들이 여전히 괜찮다고 하더군요."

김우중 회장의 우려와 달리 대다수의 교수들이 지금의 젊은이들을 매우 긍정적으로 평가한 것이다. 이에 그는 자신이 가지고 있던 이 시대의 청년관이 얼마나 그릇됐는지를 절감했고, 여전히 우리 젊은이들이 희망적이라는 사실에 더없는 기쁨을 느꼈다. 또한 새로운 도전을 시작할 용기도 얻었다. 대한민국의 미래를 맡겨도 될 만큼 우리 젊은이들이 여전히 훌륭하다는데 그기 디 이상 무엇을 주저하겠는가.

03 ── '탓'만 하지 말고,
기회를 줘야 한다

1퍼센트의 가능성만 있어도 도전한다

GYBM을 시작하기로 결심한 김우중 회장은 지금까지 늘 그래왔
듯 일단 결단이 서자 망설이지 않고 새로운 도전에 뛰어들었다.
그러나 아무런 확신도 없이 덮어놓고 도전을 시작한 것은 아니었
다. 대우인들을 이끌고 불모지나 다름없던 해외시장을 그 누구보
다도 먼저, 그리고 가장 멀리까지 나가서 개척할 당시 많은 사람들
이 그를 보고 '위험한' 도전을 즐기는 사업가라고 얘기했다. 하지
만 그는 단 한 번도 '위험한' 도전을 시도한 적이 없었다. 단 1퍼센
트라도 성공에 대한 확신이 있을 때만 새로운 도전에 응했다.

GYBM 역시 그랬다. 그는 GYBM을 성공시킬 수 있다는 강한 확신과 자신감을 갖고 있었다. 이는 오래전부터 자신이 누구보다 세계시장 개척에 주력하며 글로벌 인재 육성에 지대한 관심을 기져온 장본인이라는 점과, 과거 대우가 베트남 같은 신흥시장을 개척했던 풍부한 경험을 바탕으로 이런 나라에서 어떤 인재들이 필요한지 빠삭하게 알고 있다는 점에서 비롯된 것이었다. 따라서 그는 자신과 대우인들이 조금만 노력하면 얼마든지 한국의 젊은 이들을 글로벌 인재로 키워 베트남 시장에 성공적으로 진출시킬 수 있다고 보았다.

김우중 회장과 대우인들은 GYBM을 시작한 결정적 동인이 되었던 '청년 실업 문제를 해소하여 사회와 국가에 봉사한다'라는 하나의 목표 아래 모든 프로그램을 설계하고 교육진을 구성했다. 그 교육진의 대부분은 대우인들이었다. 그 자신들이 바로 세계시장을 내 집 안방처럼 휘젓고 다니며 맹활약했던 글로벌 인재였기 때문이다. 그들은 이러한 경험을 통해 진정한 글로벌 인재로 거듭나기 위해서는 무엇이 필요한지 그 누구보다 잘 알고 있었다. 즉, GYBM 연수생들에게 대우인들보다 훌륭한 스승이자 멘토는 없었다. 이들은 정식 직함은 없지만 이사장 겸 교장 역할을 자처한 김우중 회장의 지휘 아래, GYBM의 운영자금을 조달하는 후원자이자 우리 젊은이들을 글로벌 인재로 육성하기 위해 자신의 모든 경험과 노하우를 아낌없이 내어주는 전수자였다. 그들은 이 일을 사회와 국가를 위한 마지막 봉사라고 여기며 아무런 대가 없이 GYBM에 온 힘을 쏟았다. 덕분에 2011년 베트남에서 시작한 GYBM은 현재 미얀마(2014년 시작), 인도네시아(2015년 시작)에 이어 2016년부터는 태국에서도 프로그램이 진행되고 있다.

미래가 현재를 규정한다

GYBM은 김우중 회장과 대우인들이 혼신의 노력으로 약 1년간 준비한 끝에 야심차게 세상에 첫발을 내디뎠다. 그 신고식은 조용하고 초라했다. 하지만 김우중 회장과 대우인들은 전혀 개의치 않았다. 이들이 GYBM을 시작한 것은 세상의 주목을 받고 싶어서가 아니라 청년 실업 해소를 통해 대한민국 젊은이들의 기를 살려주고 사회와 국가에 보탬이 되고 싶었기 때문이다. 세상의 스포트라이트가 있든 없든 이들에게 가장 중요한 것은 사회와 국가가 자신들에게 부여한 마지막 소명인 GYBM을 성공시키는 일이었다.

　GYBM은 리틀 김우중, 신新 대우맨을 육성하는 곳인 만큼 이 양성 과정의 연수생이 되기 위해서는 특별한 자격을 갖춰야 했다. 그것은 바로 꿈과 포부를 갖고 불굴의 도전정신과 근성으로 세계무대에서 승부를 보겠다는 강한 의지였다. 어느 학교를 나왔는지, 스펙이 어떠한지는 전혀 중요하지 않았다. GYBM이 가장 중시하는 자격 요건은 '미래에 대한 꿈이 있느냐 없느냐', '익숙하지 않은 낯선 도전을 즐기느냐 마느냐', '그 도전을 끝까지 완수할 의지와 열정이 있느냐 없느냐'였다.

GYBM은 미래의 꿈을 품고 어떤 도전도 마다하지 않는 진취적인 기상을 가진 젊은이보다 더 큰 가능성이 있는 존재는 없다고 보았다. 이는 김우중 회장이 사업을 하면서 세운 인재철학에서 비롯된 것이었다. 그는 오랜 세월 수많은 인재들을 접하고 등용해왔다. 그러면서 좋은 대학을 나오고 월등히 높은 스펙을 가진 젊은이들보다 미래에 대한 꿈과 도전의식, 근성이 있는 젊은이들이 훨씬 더 좋은 성과를 내는 것을 수없이 목격했다. 원래 미래지향적이고 도전정신이 강한 인재들을 선호하기는 했지만 이러한 경험이 계속 축적되면서 그가 추구하는 인재상은 더욱 단단하게 굳어졌다.

"사람은 꿈이 있으면 현재를 사는 자세가 달라져요. 꿈이 있으면 그것을 이루기 위해 부단히 노력하기 때문이죠. 그래서 나는 이런 얘기를 자주 해요. 과거가 현재를 규정하는 것이 아니라 미래가 현재를 규정한다고. 과거에 실패를 했든 스펙이 좋지 않든 그런 것은 상관이 없어요. 미래의 꿈이 있느냐 없느냐, 그것이 무엇이냐가 현재를 좌우하는 결정적인 요소인 것이지요. 그래서 GYBM에서 연수생을 선발할 때도 과거보다는 미래의 가능성을 봅니다."

실제로 훗날 GYBM 젊은이들의 프로필에서 그 면면을 살펴본 결과, 명문대보다 지방대 출신들이 훨씬 많았다. 그리고 김우중 회장의 말처럼 지방대를 나온 젊은이들이 좋은 성과를 내고 있었다. 베트남으로 날아가 내가 보고 느낀 GYBM은 '미래가 현재를 규정한다'는 김우중 회장의 말을 세상에 증명하는 생생한 현장이었다.

해외에서 청년들이 더 탁월해지는 이유

그렇다면 GYBM의 특별한 선발 기준을 통과한 젊은이들은 어떤 과정을 거쳐 글로벌 인재로 거듭나는 것일까? 김우중 회장은 우선 입소식을 포함해 3주간의 국내 교육을 받아야 한다고 했다. 이 교육이 이루어지는 장소는 경기도 용인에 위치한 고등기술연구원이다. 연수생들은 이곳에 입소해 합숙을 하며 현지 교육 과정을 이수하기 위한 기본 소양교육을 받는다. 그런 다음 출정식을 갖고 자신의 미래를 만들어길 국경 밖 미지의 세계로 떠난다. 그렇게 처음 대한민국 '밖'으로 나간 우리 젊은이들의 수는 40명이었다. 이후로 점점 그 숫자가 늘어나 지금까지 GYBM을 거쳐 간 우리 젊은이들은 무려 600명이 훌쩍 넘는다. GYBM을 진행하는 나라도 베트남에서 미얀마, 인도네시아, 태국으로 확대됐다. GYBM이 첫 항해를 시작한 것이 2011년이라는 점을 생각할 때 이는 매우 놀라운 성장세가 아닐 수 없다.

그러나 외형만 커진 것이 아니다. 그 결실 또한 알차다. 김우중 회장은 지금까지 모든 졸업생이 취업에 성공해 해당 기업에서 좋은 평가를 받고 있고, 이에 힘입어 GYBM의 젊은이들을 찾는 기업의 수가 점점 늘고 있다고 말했다. 도대체 무엇이 이런 일을 가능하게 만든 것일까?

김우중 회장은 그 이유를 여러 가지로 해석했는데, 무엇보다 주효했던 것은 대한민국의 젊은이들이 다방면에서 우수한 인재들이었기 때문이라고 보았다. 그가 GYBM을 통해 본 우리 젊은이들은 한국 '안'에서 얘기하는 것처럼 무기력하지도, 비관적이지도 않았다. 무엇이든 할 수 있다는 자신감과 도전정신, 뜨거운 열정과 의지가 흘러넘쳤다. 이들은 대한민국의 기성세대들은 물론 그 어떤 나라, 어떤 민족도 압도할 만한 파워와 능력을 가지고 있었다.

"GYBM을 하면서 나는 우리 젊은이들과 대화도 많이 나누고, 아주 혹독하게 훈련을 시키며 정신무장을 강조했어요. 그런데 가만히 지켜보니까 이 친구들이 아무리 힘들어도 다 훌륭히 이겨내더군요. 그때 깨달았어요. 우리 젊은이들에게 문제가 있는 것이 아니라 꿈과 비전이 없었던 것뿐이라고요. 꿈과 비전이 생기자 이 친구들의 삶 자체가 달라졌습니다. 우리 젊은이들은 충분히 신뢰할 수 있을 만큼 훌륭했어요. 그래서 잘만 이끌어주면 뭐든 해내겠다는 확신이 들었습니다."

처음 GYBM을 시작할 때 김우중 회장은 우리 청년들이 여전히 훌륭하기 때문에 반드시 자신의 기대에 부응하리라 믿어 의심치 않았다. 그러나 이들이 발산하는 파워와 능력은 그가 상상하던 것 이상이었다. 김우중 회장은 그 모습에 크게 놀라고 감동받았다고 한다. 그 순간 나는 어떻게 우리 젊은이들이 한국 '안'에서보다 몇십 배, 아니 몇백 배에 달하는 파워와 능력을 발휘할 수 있는지 그 이유가 무척 궁금했다.

내 추측으로는, 우선 김우중 회장과 대우인들이 약 1년간 고심 끝에 준비한 GYBM의 특별한 프로그램이 있었기 때문에 가능했다고 본다. 그도 그럴 것이 내가 베트남에서 직접 경험한 GYBM 은 한국의 젊은이들이 자신 안의 잠재력과 가능성을 발견, 발산 할 수 있도록 최적화된 프로그램이었다. 이러한 특별한 프로그램 이 있었기 때문에 한국에서는 움츠려 있던 젊은이들 안의 거인이 크게 기지개를 켜고 깨어날 수 있었던 것이다.

그러나 단순히 프로그램의 힘만으로는 이들의 드라마틱한 변 화를 설명하기에 다소 무리가 있었다. 나는 우리 젊은이들의 변 화 뒤에 또 다른 결정적인 원인이 있다고 판단했다. 그것은 바로 '공간의 변화'였다. 우리 젊은이들에게 미래에 대한 꿈과 비전 을 심어주지도 못하고 자신만의 꿈을 꿀 수 있는 도전도 쉽게 허 락하지 않는 한국 '안'에서 벗어난 것이 절대적으로 주효했다고 본다.

한국경제가 전반적으로 활력을 잃고 일자리가 줄어들면서 우 리 젊은이들은 어릴 때부터 귀에 딱지가 앉도록 '고용불안', '취 업난'이라는 말을 들으며 성장해왔다. 그러다 보니 이로 인한 압 박감에 자의든 타의든 크고 안정적인 직장을 선호하게 되었다. 자신만의 꿈을 찾을 기회도 없이 그런 직장에 들어가는 게 어느 새 이들에게 절체절명의 꿈이 되어버렸다.

크고 안정적인 직장은 한정됐는데 그곳에 들어가려는 청년들 은 넘쳐나고 있어, 한국 사회는 점점 젊은 세대들이 미래를 꿈꾸고 희망을 가지기 어려운 곳으로 변하고 있다. 이러한 환경에서 우리 젊은이들이 자신의 잠재력과 가능성을 발휘하기는 현실적으로 매우 어렵다. 바꿔 말하면 이 공간에서 벗어난다는 것은 여러 가지 사회적 상황 때문에 움츠려 있던 우리 젊은이들의 잠재력과 가능성이 크게 활성화될 수 있다는 것을 의미한다. 바로 GYBM의 젊은이들이 그 명백한 증거다. 만약 이들이 대한민국에 그대로 머물러 있었다면 지금처럼 스스로도 믿기 어려울 만큼의 파워와 능력을 발산할 수 없었을 것이다. 나는 이들이 과감하게 국경 밖으로 나왔기 때문에 지금의 변화가 있었다고 생각한다.

새로운 세대에게는 새로운 기회와 환경이 필요하다

GYBM의 젊은이들은 한국에서 남보다 월등한 실력과 능력을 갖춘 뛰어난 인재들이 아니었다. 대부분이 한국에서 '평균'에 해당하는 청년들이었다. 서울 시내에 있는 대학보다 수도권이나 지방대 출신들이 많았고, 남들보다 월등한 스펙을 갖고 있지도 않았다. 그래서 이른바 '잘난' 사람들과 자신을 비교하며 앞으로의 미래에 불안감과 초조함을 느꼈던 이들도 적지 않았다.

베트남의 수도 하노이에서 남쪽으로 약 50킬로미터 떨어진 하남성에 위치한 '드림플라스틱스'에서 만난 김경은 씨도 그중 하나였다. 드림플라스틱스는 홍콩에 본사를 둔 드림그룹의 베트남 현지 회사로, 세계적인 엔터테인먼트 파크 디즈니랜드DISNEY LAND, 바비 인형으로 널리 알려진 세계 최대의 장난감 회사 마텔MATEL, 미국에 거점을 둔 피규어 메이커 펀코FUNKO, 일본 장난감 제조업체 반다이BANDAI 등에 플라스틱 소재의 장난감을 납품하고 있다.

GYBM 베트남 3기 졸업생인 김경은 씨는 한국 사회에서 선망하는 대학에 다니지는 않았다. 하지만 주변에서 '너무 열심히 사는 것 아니냐', '좀 쉬엄쉬엄 해라'는 얘기를 들을 정도로 누구보다 열심히 자신의 미래를 준비하고 그 어떤 도전도 마다하지 않는 열혈 대학생이었다.

사회에 필요한 사람이 되고자 사회복지학과를 선택한 그녀는 4년 내내 장학금을 받을 정도로 학과 공부에 충실했고, 학과 내에서 3년간 임원활동을 하는 등 모든 일에 적극적으로 임했다. 또한 학교에 사회복지학과가 생긴 이래 최초로 교환학생에 도전하여 필리핀에서 값진 1년을 보내기도 했다. 그녀는 다양한 국적의 사람들과 소통할 언어를 배우고자 하는 열정이 남달라 각종 영어대회에 도전해 우수한 성적을 거두었다.

또한 여러 봉사활동, 아르바이트 등을 하며 다양한 사회 경험을 쌓았고, 전공인 사회복지 분야뿐만 아니라 무역에도 관심이 많아 대학 졸업 후 무역협회에서 무역마스터 과정을 수료하기도 했다. 그런데도 그녀는 시간이 갈수록 미래에 대한 불안감과 초조함이 점점 커져만 갔다. 특히 무역마스터 과정을 공부하면서 그녀의 불안감은 더욱 증폭됐다.

"대학을 졸업한 후에는 무역협회의 무역마스터 과정에 도전했습니다. 그곳에서 이른바 잘난 사람, 학벌 좋은 사람 등을 많이 만났어요. 저는 어떤 상황에서도 긍정적으로 생각하고 자신감을 잃지 않는 편인데, 점점 용기가 사라지고 불안함과 초조함이 커져갔습니다. '나보다 학벌도 좋고 잘난 사람들이 이렇게 많은데…… 이 사람들도 취직이 힘들어서 이렇게 열심히 하는데…… 과연 내가 한국에서 원하는 직장을 가질 수 있을까? 사회에서 이런 사람들을 이길 수 있을까?'라는 생각이 머릿속에서 떠나질 않았어요."

그러나 언제까지 실의에 빠져 있을 수만은 없었다. 비관한다고 현실이 달라지지는 않기 때문이다. 그녀는 좌절하는 대신 자신보다 월등한 실력의 사람들과 견주어도 뒤지지 않을 자신만의 경쟁력을 갖출 수 있는 방법을 찾기 시작했다. 그러나 어디서부터 어떻게 시작해야 할지 엄두가 나지 않았다. 그러던 중 아버지를 통해 GYBM을 알게 됐다. 자신에게 불리한 현실을 극복할 돌파구를 애타게 찾던 그녀는 새로운 도전에 대한 두려움이 전혀 없지는 않았지만 과감하게 GYBM에 지원했다.

한때 한국에서 좌절감과 패배감에 휩싸였던 그녀는 GYBM 연수를 받고 베트남에서 일하면서 그 어느 때보다 자신감이 커졌다. 또한 자신의 미래를 구체적이고 또렷하게 그리기 시작했다. 그녀는 자신이 국내에 계속 남아 취업활동에 전념했다면 좋은 회사에 취직이 됐을지도 모르지만 지금 베트남에서 일하며 느끼는 만족감과 자신감, 그리고 미래에 대한 뚜렷한 꿈과 비전을 갖지는 못했을 것이라고 말했다. 또한 자신도 불안하고 두려웠지만 도전의식을 갖고 GYBM이라는 문을 통해 과감하게 한국 '밖'으로 나왔기 때문에 이러한 변화가 가능했다고 말했다. 다른 GYBM의 젊은이들도 마찬가지였다. 만약 국경 밖으로 자신의 손을 이끌어준 GYBM이 없었다면 자신에게 그 어떤 일도 해낼 수 있는 힘과 능력이 있다는 것을 알지 못했을 것이라고 말했다.

김우중 회장은 내게 이런 말을 했다.

"우리 젊은이들에 대해 너무 쉽게 얘기해서는 안 돼요. 떡 하나 던져주듯이 말로만 청년 실업 해소, 청년 일자리 마련 등을 얘기할 게 아니라 이들에게 진심으로 사랑과 애정을 가져야 합니다. 나는 GYBM을 하면서 연수생들과 수시로 만나 얘기를 나누고 취업한 학생들도 한 달에 한 번씩 만나는데, 이렇게 관심을 가져주면 곧바로 긍정적인 반응이 오더군요. 그러니까 우리가 이들을 가르쳐준다고 생각하기보다는 이해하고 함께하려고 해야 맞는 것 같아요. 그들은 젊기 때문에 우리보다 더 빠르고 지혜로울 수 있어요. 따라서 지금 당장 무엇을 할 수 있다는 것보다 자신감을 가지고 도전할 수 있게 해줘야 해요. 우리 세대가 할 일은 젊은이들에게 더 많은 기회를 주는 것입니다. 기회도 주지 않으면서 이들만 탓해서는 안 되죠.”

나 역시 이 말에 전적으로 공감한다. 지금의 젊은이들은 우리 기성세대와 완전히 다른 존재다. 국력 향상으로 과거보다 거의 모든 면에서 풍요롭게 자라 신체적 조건도 좋고 개인적인 실력이나 능력도 기성세대보다 월등하다. 또한 인터넷, 어학연수, 유학, NGO활동, 해외여행 등을 통해 기성세대보다 세계를 가깝게 느끼며 성장했다. 그 덕에 해외로 나가는 것에 대한 두려움보다는 나가고자 하는 열망이 더 크다. 그런데 지금의 한국 사회는 이런 젊은이들에게 한국전쟁 이후 급격한 경제개발이 이루어지던 1960~1970년대에 맞춰진 가치관을 요구하며 가르치고 있다. 뿐만 아니라 이들에게 희망찬 미래를 꿈꾸고 도전할 수 있는 기회와 환경도 제공하지 못하고 있다. 그러니 대한민국의 젊은이들이 어떻게 좌절하고 방황하지 않을 수 있겠는가.

이들이 자신감을 되찾고 미래에 대한 꿈과 비전을 가지려면 이들 세대의 수준과 요구에 맞는 새로운 세계와 경험, 도전 등을 제공하여 마음껏 자신의 잠재력과 가능성을 발산할 수 있도록 이끌어야 한다. 김우중 회장은 바로 그 얘기를 하고 있었고, GYBM이 바로 그 역할을 하고 있었다. 나는 GYBM이 날로 성장해 하나의 모범적인 성공 사례가 되길 간절히 바라고 있다. GYBM을 본보기로 삼아 제2, 제3의 GYBM이 만들어진다면 한국의 미래가 얼마나 밝아지겠는가.

04 — 세계경영
그 부활의 날개,
GYBM

가장 먼저, 가장 멀리 해외로 나간 사람들

김우중 회장과 대우인들은 낯선 타국에서 대한민국 젊은이들이 기대 이상으로 잘 해내는 것을 보며 큰 기쁨과 보람을 느꼈다. 특히 우리 젊은이들을 지극히 사랑하는 마음으로 GYBM 사업을 제안한 김우중 회장의 감회는 남달랐다. 내가 GYBM 연수생들을 채용한 기업들의 반응을 묻자 그는 환한 미소를 지으며 지금까지 연수생들이 이룬 성과에 대해 침이 마르도록 칭찬을 했다. 그 모습이 마치 손주 자랑을 하는 할아버지 같았다.

"우리 젊은이들을 채용한 기업들의 반응이 좋아요, 아주 좋아요. 매우 만족스러워하고 있어요. 그래서인지 이제는 여기저기서 사람을 보내달라고 해요. 그런데 요청에 비해 항시 졸업생 수가 모자라요. 가령 지난 베트남 3기의 경우 70여 명 정도가 수료를 했는데, 여러 기업들이 요청한 인원은 150명이 넘었어요."

그 어느 나라, 어느 민족의 젊은이들보다도 월등한 능력과 근성으로 눈부신 성취를 이루는 우리 젊은이들의 모습은 김우중 회장을 더 큰 꿈으로 인도했다. 그것은 단순히 청년 실업 문제 해소를 넘어 GYBM을 통해 5대양 6대주를 아우르는 거대한 한국의 해외 경제 네트워크를 구축하는 아주 원대한 꿈이었다. 즉, '세계를 우리의 시장으로, 지구촌을 우리의 산업기지로'라는 기치 아래 세계적으로 사업을 추진하며 한국의 글로벌 비즈니스 네트워크 구축에 힘썼던 대우의 세계경영 부활을 꿈꾸기 시작한 것이다. 김우중 회장은 우리 젊은이들이 가진 잠재력과 가능성을 고려할 때 이는 결코 불가능한 이야기가 아니라고 생각했다.

세계경영은 1993년부터 2000년까지 활발하게 전개된 대우그룹의 핵심 경영전략으로, 대우가 30여 년 동안 세계시장을 누비며 성장해온 철학과 노하우가 집결된 결정체다. 따라서 세계경영을 자세히 들여다보면 창업주 김우중 회장과 대우그룹의 모든 것을 알 수 있다.

만 30세가 되던 해인 1967년, 김우중 회장은 자본금 단돈 500만 원으로 대우그룹의 전신인 '대우실업'을 창립했다. 그것도 두 사람이 250만 원씩 분담해서 세운 아주 작은 회사였다. 당시 돈이 없어 이 자본금마저도 동업자에게 빌렸으니, 그야말로 김우중 회장은 맨손으로 사업을 시작했던 것이다.

직원 다섯 명에, 허름한 건물의 작은 월세 사무실에서 시작한 대우실업은 창립하자마자 승승장구했다. 얼마나 사업이 잘됐던지 회사를 창립한 지 불과 5년 만에 한국에서 수출 2위 기업에 올랐고, 그로부터 6년 뒤인 1978년에는 국내 수출 1위 기업으로 자리매김했다. 여기서 멈추지 않고 계속해서 성장을 거듭해 대우는 창립한 지 불과 30여 년 만에 매출 71조 원, 자산 78조 원의 한국 재계 순위 2위 그룹, 신흥국 출신 다국적 기업 중에 세계에서 해외 자산을 가장 많이 보유한 기업으로 도약했다. 그야말로 대우는 비약적인 성장을 이룬 기업이었고, 이 성공스토리는 지금까지 대한민국 경제계에서 신화처럼 회자되고 있다.

대우그룹이 기적적인 성공신화를 쓸 수 있었던 비결은 삼성, 현대 등 다른 기업들처럼 국내시장이 아니라 해외시장 개척에 주력했기 때문이다. 섬유제품을 수출하는 무역회사로 출발한 대우는 창립 이후 오로지 해외 수출에 힘쓰며 종합상사, 금융, 중공업, 전자, 자동차 등 사업 영역을 확대, 거대 그룹으로 성장했다. 5대양 6대주를 경영했다고 해도 과언이 아닐 정도로 대우그룹은 세계시장을 무대로 활발하게 비즈니스를 펼치며 우리나라 수출을 선도했다. 한국 기업 중 처음으로 해외지사를 설립한 곳도 대우였고, 해외지사 개설에 가장 심혈을 기울인 곳도 대우였으며, 우리나라 수출산업을 주도하며 한국 최초의 종합무역상사로 지정받은 곳도 대우였다. 그룹이 해체되기 직전인 1998년 대우의 수출 비중이 한국 전체 수출의 13퍼센트를 상회했으니, 그야말로 대우그룹은 수출 전문 회사였던 셈이다.

세계경영의 부활을 위해 시작한 야심찬 도전

창업 이래 수출에 주력하며 해외시장 개척에 총력을 기울였던 대우는 그 과정에서 쌓인 역량을 '세계경영'이라는 경영전략으로 발전시켰다. 그리고 이를 토대로 대우그룹은 세계경영을 시작한 지 만 5년 만인 1998년에 396개의 현지법인, 134개의 해외지사, 15개의 해외 연구소, 44개의 해외 건설현장 등 총 589개에 이르는 거대한 해외 경영 네트워크를 구축했다. 세계적인 범위에서 사업을 진행할 수 있는 드넓은 경제영토를 마련한 것이다. 이때 대우가 고용한 해외 인력 규모가 15만 명이 훌쩍 넘었으니 대우는 해외에서 확실한 기업성장의 동력을 확보한 것이나 다름없었다. 그러나 1997년 동아시아에 불어닥친 외환위기로 한국이 IMF 관리 체제에 들어가면서 1년 6개월여 만에 대우그룹이 허망하게 해체되었다. 그렇게 대우의 세계경영은 그 완성을 이루지 못한 채 세상에서 점점 잊혀갔다. 하지만 김우중 회장은 아무리 세월이 흐르고 시대가 변해도 세계경영은 희망찬 대한민국의 미래를 위해 결코 역사의 뒤안길로 사라져서는 안 될 존재라고 강조했다. 처음부터 세계경영은 단순히 대우만을 위한 경영전략으로 만들어지지 않았기 때문이다. 세계경영은 대우를 넘어 한국 기업 전체의 생존과 발전을 위한 기업전략이자, 더 나아가 한국을 부유하고 강대한 선진국으로 만들기 위한 국가전략이기도 했다.

한국은 국토도 좁고 부존자원도 부족해서 필연적으로 세계로 눈을 돌려야 하는 나라이다. 세계경영에는 이러한 한국의 밝은 미래를 위해 기업이든 국가든 가릴 것 없이 체득하고 지표로 삼아야 할 노하우와 전략이 담겨 있다. 때문에 김우중 회장은 현존하는 옛 대우그룹 계열사에서 그 명맥은 이어지고 있지만 그룹 해체와 함께 거의 유명무실해진 세계경영의 노하우와 전략이 계승·발전되어 국가경제 발전에 기여할 수 있기를 오랫동안 간절히 바랐다. GYBM을 운영하는 대우세계경영연구회는 바로 그 바람이 투영된 곳이었다.

대우세계경영연구회는 1999년 대우그룹이 해체된 이후 10년 만에 만들어신 선식 내우맨들의 모임이다. 전혀 예상치 못한 그룹 해체로 마음에 지울 수 없는 상처를 입고 뿔뿔이 흩어져 살던 대우 임직원들이 이 모임을 만든 이유는 단순히 친목을 도모하고 과거의 인연을 이어가기 위함이 아니었다. 대우가 한국경제에 끼친 공로와 과실을 재평가하고, 그룹의 핵심 경영전략이었던 '세계경영'을 통해 축적한 경험과 노하우를 계승·발전시켜 한국 사회와 함께 나누고자 이 모임을 만들었다. 즉, 대우세계경영연구회는 외환위기로 예기치 않게 그 운명을 다한 대우그룹을 재조명하고, 세계경영의 정신과 시스템을 부활시켜 국가에 보탬이 되고자 설립한 모임이라고 할 수 있다.

GYBM은 이러한 취지의 대우세계경영연구회가 세계경영을 부활시키기 위해 야심차게 시작한 도전이었다. 그러다 보니 김우중 회장과 대우세계경영연구회는 GYBM을 성공시키는 것이 사회와 국가가 자신들에게 부여한 마지막 소명이라고 생각하며 여기에 모든 것을 쏟아부었다. 덕분에 GYBM은 단시간에 눈부신 성장을 이루었고, 이에 힘입어 김우중 회장은 GYBM을 '100만 글로벌 인재 양성소'로 키워 한국을 세계에서 가장 강력한 글로벌 경쟁력을 갖춘 나라로 만들겠다는 더 원대한 꿈을 품었다.

민족주의 경영자의 원대한 꿈, 100만 글로벌 인재 양성

김우중 회장의 100만 글로벌 인재 양성의 꿈은 사실 나의 꿈이기도 했다. 나는 10년 넘게 글로벌 전문 인력 양성 없이는 한국의 미래가 없다고 주장해왔다. 때문에 김우중 회장과 마찬가지로 한국이 그 어떤 열강의 눈치도 보지 않는 강대국이 되려면 1억 인구의 1퍼센트에 해당하는 100만 명이 글로벌 전문 인력이 되어야 한다고 생각했다. 여기서 1억 인구는 남한과 북한을 합한 7,500만 명에, 외국인 1,500명을 더해 산출된 숫자다. 따라서 이 인구를 만들려면 우선 남북통일이 이루어져야 했고, 전체 인구의 약 15퍼센트에 달하는 외국인이 국내에 들어와야 했다. 그야말로 언제 현실로 이루어질지 장담할 수 없는 어려운 일이었다. 그러나 미래에도 지속적으로 한국경제가 성장하려면 1억 인구는 이 목표를 달성하기 위해 반드시 갖춰야 할 필수적인 요건이라고 생각했다.

이러한 과정을 거쳐 우리나라 인구가 1억이 되고, 이 중 1퍼센트에 해당하는 100만 명이 글로벌 전문 인력으로 활동하면 한국은 그 누구의 눈치도 보지 않고 자립할 수 있는 강대한 국가가 된다는 것이 나의 견해였다. 때문에 김우중 회장에게 GYBM의 100만 글로벌 인재 양성 계획을 들었을 때 그 반가움은 이루 말할 수 없었다. 깊은 동지애마저 느낄 정도였다. 이와 더불어 한없이 기

뺐다. 그의 머릿속에는 이미 GYBM을 100만 글로벌 인재 양성소로 만들 계획이 다 서 있었고, 생각에만 그치지 않고 그 계획을 하나씩 실현해나가는 중이었기 때문이다. 마연하게만 느껴지던 100만 글로벌 인재 양성의 꿈이 GYBM을 통해 가시화되는 것을 보니, 그 꿈이 이루어지길 누구보다도 간절히 바랐던 내 입장에서는 이보다 더 큰 기쁨이 없었다.

"GYBM은 2011년에 베트남에서 40명의 연수생으로 시작했어요. 그리고 2015년 현재 베트남 5기 연수생 100명, 미얀마 2기 20명, 인도네시아 1기 40명, 이렇게 총 160명이 연수를 받고 있어요. 또한 지금까지 모든 졸업생이 베트남 현지 기업에 취직해 미래를 위한 실무 경험을 쌓아가고 있어요. 이들을 입사시킨 회사들의 만족도가 높고 연수생들도 회사에 잘 적응하고 있어 이에 대한 보람이 매우 큽니다. 그래서 향후 GYBM 과정이 진행되고 있는 베트남, 미얀마, 인도네시아의 연수생 인원을 크게 늘리는 한편, 태국(2016년 시작), 필리핀 등 그 대상국을 점진적으로 늘려갈 계획입니다. 이런 노력이 지속적으로 성과를 내고 주변에서 인정받게 되면 향후 GYBM 과정을 진행할 대상국을 포함해 동남아 5개국에서 1만 명의 글로벌 인재를 키울 수 있다고 봐요. 이 1만 명이 성공해서 한국의 젊은이들을 10명씩만 데려다 써도

10만 명이 되고, 또 이들이 성공해서 우리 젊은이들을 10명씩 국내에서 데리고 나온다면 길게 20~25년을 내다봤을 때 약 100만 명의 글로벌 인재를 양성할 수 있어요. 이렇게 되면 국내 실업 문제를 해결할 수 있을 뿐만 아니라 한국경제가 아주 튼튼해집니다. 이게 결코 실현 불가능한 꿈이 아니에요."

　김우중 회장이 세계경영을 적극적으로 추진하던 1990년대 당시 대우는 28만 명의 임직원 중 절반이 넘는 18만 명이 외국인이었다. 이 중 백인계 고용 인력만 10만 명에 달했다. 대우라는 한국 기업을 위해 일하는 외국인 인력이 한국인 인력보다 더 많았던 것이다. 이는 대우가 일찍부터 해외로 나가 비즈니스를 펼친 결과였다. 덕분에 지금도 많은 대우 출신 임직원들이 이때 인연을 맺은 국가에서 활발하게 비즈니스를 펼치고 있다. 김우중 회장이 한국경제에 남긴 족적이 얼마나 깊고 뚜렷한지 짐작할 수 있는 부분이다. 그러나 내가 만난 김우중 회장은 국가를 위해 이미 기여한 부분보다 그렇지 못한 부분에 많은 아쉬움을 느끼고 있었다. 그는 평생 사업을 잘 이끌고 국가경제에 기여해서 다음 세대에게 선진 한국을 물려줄 날을 꿈꾸며 대우를 경영했다. 또한 기업가는 이윤을 창출하면서도 사회적 책임을 잊지 않는 정신이 무엇보다 중요하다고 생각했다. 때문에 이 아쉬움은 어쩌면 너무도 당연한 것이었다. 그는 그런 기업가였고, 그런 사람이었다. 이런 그가 가장 아쉬움을 느끼는 일이 있었으니, 바로 과거에 글로벌 인재를 충분히 키우지 못했나는 점이있다.

이 아쉬움과 안타까움은 대우그룹 해체로 세계경영의 꿈이 좌절되지 않았다면 생길 일도 없었을 것이다. 때문에 김우중 회장에게 세계경영의 부활을 알리는 신호탄으로 쏘아올린 GYBM은 그만큼 각별할 수밖에 없었다. 온 힘을 다 쏟아내도 부족한 존재가 바로 GYBM이었다. 이러한 마음으로 GYBM을 이끌고 있으니 어떻게 그 결과가 좋지 않을 수 있고, 앞으로의 행보가 더 기대되지 않을 수 있겠는가.

아직 가야 할 길이 멀기는 하지만 김우중 회장과 대우인들은 GYBM을 세계경영을 부활시킬 튼튼한 날개로 만들기 위해 혼신의 힘을 다하고 있다. 그런 만큼 나는 언젠가 반드시 이들의 간절한 바람인 세계경영 부활의 날, 더 나아가 100만 글로벌 인재들로 가장 부강한 한국의 모습을 보게 되는 날이 도래하리라 믿어 의심치 않는다.

05 — 세계로 나가라, 그것이 가장 간단한 해법이다

익숙하고 편한 길에서 벗어나라

나는 GYBM으로 인연을 맺은 후 김우중 회장과 다양한 주제로 많은 대화를 나누었다. 대우의 흥망성쇠부터 한국경제의 과거와 현재와 미래, 한국경제 발전을 위해 우리가 풀어야 할 과제들, 세계경제의 변화와 그에 따른 대처, 세계경제에서 아시아의 역할, 젊은 세대들에 대한 생각과 기대, GYBM의 이야기까지 김우중 회장과 나눈 대화의 주제는 그야말로 광범위했다. 그러나 그는 한국 기업사를 대표하는 경영인답게 어떤 주제가 나오든 거침없이 얘기했다. 그만큼 그는 우리 둘 사이에 오갔던 모든 주제에 자신만의 확고한 생각과 철학, 신념을 가지고 있었다.

이런 그가 그 많은 주제 중에 가장 절실한 마음으로 이야기한 것이 바로 우리 젊은이들이었다. 그는 우리 젊은이들을 위해 모든 것을 다 내주어도 아깝지 않다는 듯이 진심에서 우러나오는 조언과 격려를 아끼지 않았다. 특히 미래에 대한 꿈을 잃고 방황하는 모습에 안타까워하며 가장 많은 시간을 할애해 그 원인을 해석하고 대안을 제시했다.

그가 주요 원인 중 하나로 지목한 것은 한국경제의 침체와 새로운 일자리 창출에 소극적인 기업들로 인해 청년들의 일자리가 줄어들고 있다는 점이었다. 그러나 그는 단시간에 국가경제를 살리는 일도 어렵고, 그 규모에 상관없이 지금 우리 기업들의 상황이 일자리를 충분히 마련할 수 있을 만큼 여유롭지 못하다고 보았다. 때문에 국가경제 회복과 기업들의 일자리 창출을 통해 젊은이들의 고통을 해결하는 것은 현실적으로 어렵다고 판단했다. 설령 기업들이 아낌없는 투자로 일자리를 창출한다고 해도 지금의 청년 실업 문제를 일거에 해소하는 데는 한계가 있다고 생각했다.

그가 주요 원인으로 꼽은 또 다른 하나는 높은 교육열의 표상인 4년제 대학이 지나치게 많다는 것이었다. 대학교수로서 나는 이 견해에 적지 않은 흥미로움을 느꼈다. 세계에서 필적할 상대가 없다고 해도 과언이 아닐 정도로 한국은 높은 교육열을 자랑

한다. 이는 질 좋은 인적 자원을 풍부하게 공급해 한국경제가 지금과 같은 성장을 이루는 데 큰 밑거름이 되었다. 그런데 아무것도 가진 게 없는 한국경제의 견인차 역할을 해왔던 높은 교육열을 지금 우리 젊은이들을 실의에 빠뜨리는 주범으로 지적하고 있으니, 어떻게 관심을 기울이지 않을 수 있겠는가?

김우중 회장이 4년제 대학을 주요 원인으로 지목한 것은 이곳이 취업의 어려움을 가중시키는 인적 자원 쏠림 현상의 진원지라고 보았기 때문이다.

"지금 우리나라는 인구 대비 대학 졸업자 수가 너무 많아요. 그런데 고학력자들이 필요한 직장이 얼마나 됩니까? 대졸자들이 필요한 직장은 한정되어 있는데 이곳에서 소화할 수 없을 정도로 대졸자들이 계속 쏟아져 나오니 청년 실업 문제가 생길 수밖에요. 이 문제를 해결하려면 우리나라 4년제 대학 절반은 전문대나 야간대 등으로 바꿔야 해요. 요즘은 고등교육을 받는 것을 너무나 당연하게 생각하는데, 모든 사람이 4년제 대학에 다닐 필요는 없어요. 가정 형편이 넉넉지 않거나 학업에 뜻이 없는 사람들은 굳이 대학에 갈 필요 없이 고등학교를 졸업하고 빨리 일을 시작하면 돼요. 그러다가 학위가 필요하면 그때 직장에 다니면서 야간대학이나 전문대학에 가면 됩니다. 그러면 부모의 부담도 줄고, 국가적으로 엄청난 돈을 교육에 쏟아붓지 않아도 되고, 취직도 잘되고…… 대학생들을 너무 많이 배출해서 생기는 문제들을 많이 없앨 수 있어요. 이런 교육제도가 변하지 않는 이상 기업들이 투자를 통해 일자리 창출에 힘쓴다고 해도 그걸로 다 해소되기 어려워요. 사회에서 필요한 만큼의 고학력자들을 배출해야 청년 실업 문제가 해결되리라 봅니다."

그러나 그가 가장 큰 이유로 지목한 것은 자신이 좋아하는 일 이외에는 아무것도 시도하거나 도전하지 않는 젊은이들의 자세였다. 그는 우리 젊은이들이 편하고 익숙한 길만 찾으며 새로운 도전을 회피한다면 아무리 스펙을 쌓아도 지금의 고통스러운 상황에서 벗어나기 어렵다고 보았다.

그의 말대로 지금 우리나라 청년들은 마치 양쪽 눈 옆을 가린 경주마처럼 크고 안정적인 직장에 들어가는 것을 유일한 꿈으로 정하고 이 목표만 바라보며 전력 질주하고 있다. 이미 다른 사람들이 갔던 길, 익숙하고 편한 길로만 가려고 발버둥 치고 있는 것이다. 그런데 처음부터 이것만이 나의 꿈이고, 이게 아니면 안 된다는 생각을 하면 자신이 할 수 있는 일의 폭이 줄어든다. 보다 다양한 꿈을 꾸고 새로운 시도와 도전을 할 때 그만큼 내 일의 폭도 넓어진다. 물론 시간이 갈수록 취업의 어려움과 압박감이 가중되는 현실에 대한 모든 책임을 우리 젊은이들에게 물을 수는 없다. 하지만 그들 스스로 한국을 자신들이 할 수 있는 일이 없는 곳으로 만들고 있는 만큼 젊은 세대들은 김우중 회장의 조언에 귀를 기울일 필요가 있다.

꿈은 도전 속에서 만들어진다

새로운 도전에 대한 우리 젊은이들의 소극적인 자세가 이들을 좌절의 구렁텅이로 빠뜨리는 가장 결정적인 원인이라고 생각하는 김우중 회장. 이런 이유로 그는 미래의 꿈을 되찾으려면 우리 젊은이들이 어떤 도전도 마다하지 않는 진취적인 패기와 기상을 가지는 일이 무엇보다도 시급하다고 보았다. 그는 도전의식을 가지고 어떤 일을 하다 보면 그 과정 속에서 꿈이 생기고 결국 이룰 수 있다고 생각했다. 즉, 그에게 꿈은 어떤 일에 도전하는 과정 속에서 만들어지고 실현되는 것이지, 생각만 해서는 결코 가질 수도, 이루어질 수도 없는 존재였다.

"우리 젊은이들이 꿈을 잃어가고 있다고들 하는데, 꿈은 그냥 꿈만 꾼다고 해서 생기는 것이 절대 아니에요. 내가 잘 모르거나 어쩌다가 하게 된 일도 열심히 하다 보면 자신감이 생기고 미래에 대한 꿈을 꾸게 되는 것입니다. 아무것도 안 하고 생각만 하다 보면 오히려 자신감을 잃고 미래의 꿈을 키우기가 너 힘들어져요. 세상 일이 내가 좋다고 생각하는 일만 하고 살 수가 있나요? 그럴 수 없어요. 또 지금 좋다고 생각한 일이 나중에도 계속 좋다는 보장도 없고요. 그래서 독립심과 진취적인 생각을 가지고 일에 부딪치면서 노력하는 것이 무엇보다 중요합니다.”

실제로 특별한 경우를 제외하고는 성공한 사람들 중에 처음부터 확실히 꿈을 정하고 실현한 이가 드물다. 세상과 부딪치는 과정 속에서 꿈을 만들고 이루어낸 이들이 대부분이며, 김우중 회장도 그중 한 사람이었다.

김우중 회장은 처음부터 세계적인 큰 기업을 만들겠다는 꿈을 갖고 있진 않았다. 사실 그 당시 사업을 할 마음조차 없었다. 대학 졸업 후 몇 년 동안 다니던 한성실업을 그만두고 미국으로 유학을 가거나 일본의 섬유회사인 가네보Kanebo로 가서 일을 배울 예정이었다. 그런데 여러 상황이 여의치 않아 '에라 모르겠다'는 심정으로 사업을 시작하게 된 것이다. 뭔가 그럴싸한 창립 스토리가 있을 거라 생각했던 사람들은 맥이 빠지겠지만 대우는 이렇게 시작되었다. 그런데 그는 사업을 시작한 지 불과 30여 년 만에 대우를 한국을 대표하는 기업, 신흥국 출신 세계 최대 다국적 기업으로 키워냈다. 그 비결은 자신에게 어떤 일이 주어지든 그 일에 혼신의 노력을 다한 결과였다. 그는 그 과정 속에서 대우를 세계적인 기업으로 만들고 싶다는 원대한 꿈을 갖게 되었고, 열심히 노력하면서 그 꿈을 조금씩 키워나갔다.

"저는 무역으로 사업을 시작했습니다. 그런데 처음부터 무슨 거창한 꿈을 가지고 있지는 않았습니다. 모르는 것이 있으면 밤을 새워서라도 열심히 배우고, 또 그것을 응용해서 실행했어요. 그러다 보니까 주변에서 칭찬도 하고 상까지 주더군요. 그래서 더욱 잘해야겠다는 강한 사명감과 책임감이 생겼습니다. 놀 수가 없었지요. 그렇게 열심히 하다 보니 사업을 시작하고 5년 만에 국내 수출 2위를 했는데, 이때 무역과 금융을 중심으로 국제적인 기업을 만들고 싶다는 생각이 들더군요. 결국 이 꿈은 정부가 대우중공업의 전신인 한국기계를 인수하도록 종용하면서 어긋났지만 말입니다."

더 큰 무대로 눈을 돌려라

김우중 회장은 꿈은 도전하는 과정 속에서 피어나고 결실을 맺는 존재이므로 한국의 젊은이들에게 새로운 도전에 주저하지 말라고 거듭 당부했다. 특히 해외 진출에 도전하는 데 주저하지 말라고 힘주어 말했다. 국가경제를 살리는 일도, 일자리를 창출하는 일도, 교육제도를 개선하는 일도 지금 당장은 해결할 수 없는 문제들이다. 이런 상황에서 해외 진출은 한국의 청년들이 가장 빠르고 간단하게 잃어버린 미래를 되찾을 수 있는 길인 것이다. 또한 이들의 미래에 가장 밝은 빛을 선사할 수 있는 길이기도 했다. 김우중 회장이 누누이 강조했듯 국경 밖에 우리 젊은이들이 할 일이 더 많고, 더 큰 기회가 열려 있기 때문이다. 뿐만 아니라 세계에서 가장 강력한 경쟁자를 상대하는 일도 피할 수 있다. 김우중 회장은 우리 젊은이들이 한국에 머물면 세계에서 가장 상대하기 버거운 경쟁자와 생존을 위한 치열한 사투를 벌여야 하는 만큼 해외로 나가는 것이 여러모로 득이라고 말했다.

"신장섭 싱가포르 국립대 교수와 대담집《김우중과의 대화》, 북스코프, 2014)을 낸 후, 열 개가 넘는 국내 대학을 다니며 학생들과 만남을 가졌어요. 이때 많은 학생들에게 사회에 나가 무엇을 해야 할지, 취업 고민이 많다는 얘기를 들었습니다. 그래서 저는 이들에게 국내에 연연하지 말고 하루라도 빨리 해외로 나가라고 말했어요. 국내에서 경쟁하면 세계에서 가장 강한 경쟁자를 상대해야 하니까요. 흔히 우리 국민들이 세계에서 가장 우수하다고 말하는데, 바꿔 말하면 한국인이 세계에서 가장 상대하기 버거운 존재라는 뜻이에 요. 여자 골프를 보세요. LPGA에서 우승한 한국 선수가 국내 대회 에 나오면 우승을 못 하는 경우가 많아요. 국내 선수들이 그만큼 강하기 때문이지요. 우리 젊은이들이 대학을 졸업하고 국내에서 활동할 경우 세계에서 가장 강한 상대와 경쟁을 해야 해요. 하지만 해외로 나가면 이런 힘든 경쟁을 하지 않아도 돼요. 다른 나라 사 람들과 경쟁하면 훨씬 쉽고 오히려 많은 발전 기회도 얻을 수 있습 니다. 우리 젊은이들은 충분히 훌륭하고 건강한 생각을 가지고 있 어요. 때문에 자신감을 갖고 당당하게 세상을 향해 도전하면 얼마 든지 많은 기회와 가능성을 만들어갈 수 있다고 봅니다."

김우중 회장은 자신의 생각대로 우리 젊은이들이 과거 대우인 들과 지금의 GYBM 젊은이들처럼 도전정신을 가지고 세계로 뻗 어나가면 한국의 글로벌 경쟁력이 크게 강화될 것이라고 보았다. 즉, 우리 젊은이들이 해외로 나가는 것은 그들 자신의 미래를 위 해서도, 한국경제의 미래를 위해서도 꼭 필요한 일이었다. GYBM은 바로 이 일을 하고 있었고, 그래서 김우중 회장은 더더 욱 이 사업에 정精과 성誠을 다했다. 그는 GYBM을 성공적인 모 범 사례로 만들어 보다 많은 우리 청년들, 더 나아가 우리 국민들이 세계로 뻗어나가는 초석이 되길 바랐다. GYBM의 성공을 통해 해외 진출이야말로 우리의 유일한 생존과 성장의 길이라는 인식이 퍼져 보다 많은 사람들이 해외로 나가면, 세계에서 가상 강력한 힘을 발휘하는 한국의 글로벌 비즈니스 네트워크를 구축할 수 있다고 생각했다.

지금 높은 취업의 장벽 앞에 절망하여 주저앉아 있는가? 어디서부터 어떻게 미래에 대한 꿈과 희망을 찾아야 할지 몰라 방황하고 있는가? 그렇다면 김우중 회장의 조언대로 국경 밖으로 나가라. 해외로 나가는 것은 대한민국의 젊은이들이 잃어버린 미래의 빛을 찾을 수 있는 가장 간단한 방법이다.

국가경제를 살리고, 일자리를 창출하고, 교육제도를 개선하는 것은 한국 사회 전체가 힘을 합쳐 많은 시간과 공을 들여야 하는 일이다. 하지만 해외로 나가는 것은 자기 스스로 불굴의 도전정신만 가지면 된다. 우리 젊은이들이 좀 더 자신감과 용기를 가진다면 뛰고 달리고 날아다녀야 할 만큼 넓디넓은 경제영토를 확보할 수 있다. 그러니 재고, 따지고, 망설이지 마라. 도전정신 하나에 자신의 미래는 물론 한국경제의 명암까지 달라지는데 무엇을 주저하는가.

06 ─ 가장 큰 동력은 '언제나' 젊은이다

화려한 스펙이나 학벌보다 더 중요한 것

나는 김우중 회장과 국내에서 총 다섯 차례에 걸쳐 만남을 가졌다. 그 과정 속에서 경영·경제 전문가이자 인생선배인 그에게 많은 깨달음과 가르침을 받았다. 그와 대화를 나누는 1분 1초가 소중했고, 할 수만 있다면 가는 시간을 붙잡고 싶은 심정이었다. 그러나 어김없이 그와 대화를 나눌 수 있는 마지막 날이 찾아왔다. 나는 여느 때와 다름없이 온 정신을 집중해 그에게 질문하고 얘기를 경청했다. 이날 했던 질문 중 하나가 이것이었다.

"회장님, 한국경제 발전의 원동력이 무엇이라고 생각하십니까?"

그러자 그는 한 치의 망설임도 없이 '사람'이라고 내뱉했다. 그는 세상이 아무리 자동화되고 급변한다 해도 한국경제 발전의 원동력은 사람이라고 강조했다. 사람은 김우중 회장에게 '언제나' 한국경제의 밝은 미래이자 희망이었다.

"우리의 가장 큰 장점은 사람입니다. 한국인은 우수한 능력과 근면성, 끈질긴 승부근성을 가지고 있습니다. 따라서 한국경제 발전을 위해서는 사람을 키워야 해요. 한국이 제2차 세계대전 이후 세계에서 가장 빠른 성장을 이룬 나라가 될 수 있었던 것은 교육으로 사람을 키웠고, 해외에서 기회를 만들었기 때문이에요. 한국경제의 미래를 위해서도 이러한 사실은 변함이 없습니다. 사람이 가장 중요하고, 해외에서 기회를 만들어야 해요."

특히 김우중 회장은 한국인 가운데서도 젊은이들을 한국경제 발전의 가장 큰 동력으로 보았다. 그러나 모든 젊은이들이 이 역할을 할 수 있다고 보지는 않았다. 자기 철학과 미래에 대한 꿈이 없고, 도전정신과 독립심이 부족하며, 현실에 안주하려는 사고방식에 젖은 젊은이들은 아무리 똑똑하고 스펙이 좋아도 한국경제

발전의 동력이 될 수 없다고 생각했다. 이런 젊은이들은 조금만 일이 어렵고 힘들어도 쉽게 포기하고, '아무도 가지 않은 길', '아무도 하지 않은 일'을 회피하려고 하기 때문이다. 그러나 개인은 물론 기업, 국가발전의 기회는 바로 이런 곳에 있다.

늘 가던 길, 이미 많은 사람들이 하는 일에는 발전의 기회가 적다. 아직 아무도 가보지 않은 길을 가고, 아직 아무도 해내지 못한 일을 해내야 괄목할 만한 성장과 발전을 기대할 수 있다. 김우중 회장과 대우가 신화에 가까운 성공을 이룰 수 있었던 것도 아무도 가려고 하지 않았고, 아무도 나서지 않았던 해외시장 개척에 과감하게 도전했기 때문이다. 그래서 김우중 회장과 대우에게 세계는 늘 한없이 넓고 할 일이 무한한 기회의 땅이었다. 이는 지금도 마찬가지다. 아무도 가지 않은 길, 아무도 하지 않은 일에 도전할 때 세계는 무한한 기회와 가능성을 제공하는 경제영토가 되어 개인이든 기업이든 국가든 발전과 성장을 기대할 수 있다.

김우중 회장이 세계시장을 주도적으로 이끌어갈 수 있는 '젊은 글로벌 비즈니스 전사'를 육성해 한국경제 발전에 가장 큰 동력을 제공하고자 시작한 사업이 바로 GYBM이었다. 따라서 김우중 회장은 GYBM이라는 버스에 아무나 태울 수 없었다. 아무리 똑똑하고 남들보다 월등한 스펙을 가지고 있어도 미래를 꿈꾸지 않고 도전에 소극적인 젊은이들은 탑승시킬 수 없었다. 좋은 대학을 나오지 못하고 스펙이 부족하더라도 미래에 대한 꿈을 품고 어떤 도전도 마다하지 않는 진취적인 기상을 가진 청년들만이 이 버스에 오를 수 있있다. GYBM의 섦은이들은 얼마나 좋은 스펙을 가지고 있느냐가 아니라 미래를 꿈꾸고, 도전을 회피하지 않으며, 어떤 어려움 속에서도 그 도전을 완수하겠다는 근성과 의지가 있느냐 없느냐의 선발 기준에 따라 까다롭게 선택된 존재였다. 그래서일까. 이들은 김우중 회장이 예상했던 것보다 훨씬 더 놀라운 파워와 능력으로 GYBM을 쾌속 성장시켰다. 그는 큰 보람과 기쁨을 느꼈다. 아직 가야 할 길은 멀지만 GYBM이 한국경제의 미래를 가장 환하게 밝히는 동력이 될 가능성과 희망이 점점 커져갔기 때문이다.

김우중 회장은 이대로만 간다면 GYBM 젊은이들의 손에 의해 그룹 해체로 좌절된 세계경영이 화려하게 부활, 저성장의 늪에 빠진 한국경제가 성장의 길을 걸을 수 있을 거라고 확신했다. 나는 그 모습을 보면서 GYBM을 직접 두 눈으로 보고 싶은 마음이 더욱 간절해졌다. 그 누구보다도 한국경제의 미래를 염려하던 한 사람으로서 이러한 역사적 현장을 보고 싶은 마음이 왜 안 생기겠는가. 김우중 회장과의 만남이 거듭될수록 이 마음은 점점 크게 부풀었다. 이때가 아니면 영원히 GYBM을 볼 기회가 없을 수도 있다는 조바심까지 생겼다. 나는 김우중 회장과의 모든 면담이 끝나자 조심스럽게 그 의사를 밝혔다. 다행스럽게도 김우중 회장과 대우인들은 흔쾌히 수락했다. 그렇게 우리 젊은이들을 글로벌 비즈니스 전사로 육성해 한국경제에 가장 밝은 빛을 선사할 GYBM을 탐방할 수 있는 기회가 내게 찾아왔다. 나는 그 역사적인 현장을 직접 볼 수 있다는 기쁨에 취해 그날이 오기만을 손꼽아 기다렸다. 그리고 마침내 2015년 11월 10일, 베트남 하노이로 향하는 비행기에 몸을 실었다. 이렇게 한국경제의 밝은 미래를 위한 푸른 싹이 움트고 있는 베트남으로의 가슴 벅찬 여정이 시작되었다.

GLOBAL

YOUNG

BUSINESS

MANAGER

PART 2

도전자에게는
언제나
세계는 넓고
할 일은 많다

01 굿모닝, 베트남

깊은 밤 하노이

언제부터 잠이 들었던 것일까? 기내 안내 방송에 놀라 눈을 떠보니 저녁 5시에 인천공항을 출발한 비행기는 어느새 베트남 하노이 국제공항 상공에 있었다. 잠깐 눈을 붙인다는 게 네 시간을 넘게 자버린 것이다. 그만큼 나는 피로에 지쳐 있었다. 내게 천재일우千載一遇 같은 GYBM 탐방에 대한 기대감으로 전날 밤 거의 잠을 이루지 못했기 때문이다.

나는 겨우 정신을 차리고 하노이 공항에 내렸다. 오래전에 방문한 적이 있음에도 처음 베트남에 온 여행자처럼 마음이 설레기 시작했다. 그러나 그 설렘은 곧 당혹감으로 바뀌었다. 게이트를 빠져나와 아무리 주위를 둘러봐도 내 이름이 적힌 네임보드를 든 사람이 보이지 않았기 때문이다. 마중 나오기로 한 GYBM 관계자가 눈에 보이지 않으니, 순간 낯선 곳에서 길을 잃은 아이가 된 기분이었다. 다시 게이트 주위를 찬찬히 둘러보니 모자를 쓴 아주 낯익은 얼굴이 눈에 들어왔다. GYBM 관계자와 함께 직접 마중을 나온 김우중 회장이었다. 나는 김우중 회장의 스케줄에 맞춰 GYBM 탐방 일정을 잡았다. 아직 그와 못 다한 이야기, 듣고 싶은 이야기가 너무 많았기 때문이다. 여건이 허락하는 한 GYBM을 탐방하면서 그와 국내에서 미처 다하지 못한 이야기를 나눌 예정이었다.

김우중 회장이 직접 마중을 나오리라고는 전혀 예상치 못한 나는 이전과는 또 다른 성격의 당혹감을 느꼈다. 국내에서 몇 차례 만나기는 했지만 여전히 그는 내게 여러모로 긴장감을 불러일으키는 전설적인 존재였기 때문이다. 그러나 지금까지 경험한 그의 면면을 떠올리면 어느 정도 예상 가능한 일이기도 했다. 한때 국내 5대 재벌의 지위를 누렸던 그룹의 수장이라는 사실을 좀처럼 느끼지 못할 정도로 그는 매우 소탈하고 마음이 따뜻한 사람이었기 때문이다.

기대하지도 않았던 김우중 회장의 마중에 조금 당황하기는 했지만 그만큼 나를 배려하고 환대한다는 의미였기 때문에 기분이 여간 좋은 게 아니었다. 나는 아이마냥 만면에 웃음을 띠고 김우중 회장 일행이 있는 곳으로 발걸음을 옮겼다. 그런 내게 김우중 회장은 환한 미소를 지으며 악수를 건넸다.

"박 교수, 먼 길 오느라 고생했어요."

공항을 빠져나온 우리 일행이 칠흑 같은 어둠을 뚫고 향한 곳은 숙소인 셰러턴호텔이었다. 하노이를 방문한 한국인들이 주로 이용하는 대우호텔이나 롯데호텔 대신 셰러턴호텔을 숙소로 정한 이유는 이곳에 앞으로 내가 방문할 GYBM의 1기 졸업생이 근무하고 있었기 때문이다. GYBM이 내게 주는 의미가 각별했던 만큼 나는 그 출발점 또한 특별하기를 바랐다. 그 시작부터 마지막까지 이번 여정을 통해 GYBM의 모든 것을 온몸과 마음에 담아가리라 결심했다.

김우중 회장 일행과 헤어진 후 호텔 방에 들어서니 먹음직한 과일이 나를 반겼다. 이곳에서 일하는 GYBM 졸업생이 특별히 마련한 것이었다. 나는 그 배려에 따뜻함을 느끼며 창가로 걸어가 밖을 내다보았다. 인근에 있는 드넓은 호수와 멀리 보이는 도시의 야경이 어우러져 하노이의 밤 풍경은 무척 아름다웠다. 저어딘가에 한국경제에 동력이 되어줄 글로벌 전문 인재들이 자라고 있다는 생각을 하니 마음이 설레는 동시에 가슴 한편이 뜨거워질 정도로 이들이 대견스러웠다. 좀처럼 미래에 대한 꿈과 희망을 주지 못하는 한국 '안'에 머물러 현실을 한탄하거나 좌절하지 않고 과감하게 국경 밖으로 나와 스스로 밝은 미래를 만들어가는 이들이 어찌 자랑스럽지 않겠는가. 이 땅의 청춘들에게 희망찬 나라를 물려주지 못한 기성세대의 일원으로서 느끼는 안타까움과 미안함의 크기만큼 나는 마음속으로 이들의 힘찬 발걸음 하나하나에 아낌없는 응원과 박수를 보냈다.

희망을 향해 질주하는 오토바이의 물결

몸은 천근만근 무거웠지만 이런저런 생각으로 밤새 뒤척이던 나는 겨우 새벽녘에야 잠이 들었다. 그러나 짧은 시간이었지만 숙면을 취한 덕분에 가뿐한 몸으로 베트남에서의 첫 번째 아침, 일자로 치면 두 번째 날을 맞이했다. 이날부터 내가 오랜 시간 학수고대하던 본격적인 GYBM 탐방이 이루어질 예정이었다. 나는 아침부터 괜스레 마음이 분주하고 기분이 한껏 들떴다. 숨 돌릴 틈 없이 빡빡한 일정이 기다렸지만 미래 한국경제의 희망과 조우하는 시간들로 채워져 있었기 때문에 그저 마음이 설렜다. 그렇게 한껏 부푼 마음으로 호텔 정문 앞에 나가니 이번 여정을 함께할 베트남 GYBM의 이덕모 부원장이 나를 기다리고 있었다. 나는 이덕모 부원장과 함께 하노이 북서쪽에 위치한 푸토성Phu Tho Province과 빙푹성Vinh Phuc Province에 있는 '캡스텍스비나Kaps Tex Vina', '비나코리아Vina Korea', '우주비나Uju Vina', '캠시스Cammsys', '세코닉스Sekonix' 등의 회사를 방문할 예정이었다. 이 회사들은 모두 베트남에 진출한 한국의 중소기업이다. 이곳에는 GYBM의 젊은이들이 각자 자신의 위치에서 최선을 다하며 꿈을 키우고 있었다.

호텔에서 방문할 회사가 있는 지역으로 출발한 시간은 아침 8시였다. 베트남은 한국보다 두 시간이 느리니 한국 시간으로 치면 10시에 호텔을 나선 셈이었다. 두 나라 사이의 시차는 이번 여정 내내 큰 도움이 되었다. 두 시간이라 크게 시차적응을 할 필요도 없는 데다 분주해야 할 아침이 매우 여유로웠기 때문이다. 한국에서의 생체리듬에 맞춰 일어나 한참 동안 이런저런 일을 해도 베트남에서는 여전히 이른 아침 시간이었다. 그러다 보니 매일매일이 강행군이기도 했지만 시차 덕분에 베트남에서의 하루를 24시간이 아니라 그 이상으로 보낸 듯한 기분이 들었다.

얼마나 지났을까. 우리가 탄 차는 어느새 하노이 시내로 접어들고 있었다. 시내로 들어서자 시끄러운 소음과 함께 엄청난 오토바이의 물결이 내 시선을 사로잡았다. 과거 호찌민 시(옛 사이공)를 방문할 때도 느꼈지만 베트남은 걷는 사람보다 오토바이가 훨씬 많다고 해도 과언이 아니다. 베트남 국가안전위원회의 통계에 따르면 2014년 기준 베트남의 오토바이 수가 모두 1,800만 대에 이른다고 한다. 베트남 전체 인구가 약 9,300만 명인 점을 감안할 때 대략 다섯 명 중 한 명이 오토바이를 소유하고 있는 셈이다. 그런데 이는 전체 인구를 기준으로 계산한 것이다. 오토바이 운전면허를 취득할 수 없는 연령대를 제하면 1인당 한 대의 오토바이를 가지고 있다고 해도 틀린 말이 아니다. 그만큼 오토바이는 베트남인들에게 없어서는 안 될 운송수단이자 생활필수품, 그리고 재산 1호였다. 이런 오토바이를 타고 베트남인들은 직장에 가고, 학교에 가고, 시장에 가고, 병원에 갔다. 아주 먼 거리를 이동하지 않는 이상 어디든 오토바이를 타고 다녔다.

이날 아침도 출근 시간이라 각자의 일터로 향하는 오토바이들로 거리는 몸살을 앓고 있었다. 반면 한국에서의 주요 출근길 교통수단인 버스와 택시를 이용하는 사람은 적었다. 그도 그럴 것이 버스는 저렴하게 탈 수 있는 반면 제시간에 오는 법이 없어 1분 1초가 아쉬운 출근 시간에는 적당하지 않았다. 또한 택시는 버스처럼 언제 올지 몰라 전전긍긍할 필요는 없지만 매일 타고 다닐 만큼 가격이 저렴하지 않았다. 자동차 역시 베트남 경제가 발전하고 소득 수준이 높아지면서 예전보다는 이용자 수가 늘었지만, 아직까지 일반인들이 사기에는 가격 부담이 크다. 이래저래 오토바이는 베트남인들에게 가장 사랑받는 교통수단으로 자리매김할 수밖에 없었다.

그들에게는 고된 출근길이겠지만 외국인들의 눈에 오토바이를 타고 일터로 나가는 모습은 매우 흥미로운 볼거리였다. 나 역시 그 장관에 흠뻑 빠져 시간 가는 줄도 모르고 지켜보았다. 혼자, 또는 온 가족이 함께 오토바이를 타고 각자 하루 일과를 보낼 곳으로 향하는 모습은 가슴 뭉클한 감동까지 주었다. 베트남은 우리나라와 마찬가지로 지정학적 특성 때문에 외국의 침략과 지배를 자주 받았고, 베트남 전쟁이라는 동족상잔의 비극과 분단의 아픔까지 겪었다. 그런 베트남인들이 오토바이를 타고 달리는 모습은 과거 '더' 나은 대한민국을 만들기 위해 전력 질주하던 우리의 모습과 닮아 있었다. 그때 우리는 얼마나 많은 땀과 눈물을 흘렸던가. 그 땀과 눈물이 있었기에 우리는 눈부신 경제발전을 이루어 지금과 같은 경제 규모의 국가가 될 수 있었다.

그런데 지금 그 대한민국의 현실은 어떠한가. 국가경제는 끝을 알 수 없는 저성장의 늪으로 빠져들고, 그 안에서 우리의 젊은이들은 미래에 대한 꿈과 희망을 잃은 채 절망하고 있다. 그래서 나는 오토바이를 타고 질주하는 베트남인들을 보며 쓸쓸함과 부러

움을 동시에 느꼈다. 활기를 잃은 한국인들과 달리 오토바이를 타고 달리는 베트남인들은 역동적이고 미래에 대한 희망으로 빛나 보였기 때문이다.

언제쯤 우리도 이들처럼 다시 미래의 희망으로 빛날 수 있을까? 예전 같으면 그날이 언제 올지, 다시 오기나 할지 답답하고 막막하기만 했을 것이다. 그러나 김우중 회장을 만나 GYBM을 알게 된 이후로는 자연스럽게 '멀지 않은 미래'라고 답하고 있는 나 자신을 발견했다. 그만큼 김우중 회장에게 직접 들은 GYBM은 미래 한국경제에 기대감을 품게 할 정도로 무한한 가능성과 잠재력을 가진 글로벌 인재 사관학교였다.

수많은 오토바이가 내지르고, 내뿜는 클랙슨 소리와 매캐한 매연에 휩싸인 하노이의 출근길을 뒤로하고 우리가 탄 차는 목적지를 향해 달렸다. 차창 밖으로 스쳐 지나가는 수많은 베트남어 간판들과, 닮은 듯 그러나 전혀 다른 이국적인 풍경들이 바다 건너 타국에서 온 이방인인 내게 이곳이 대한민국이 아니라는 사실을 절감하게 했다. 그래서였을까. 그 순간 문득 왜 김우중 회장이 GYBM의 시작점을 베트남으로 삼았는지 궁금증이 일었다. 타고난 사업가인 그가 아무 이유 없이 낯선 타국에서 무모하게 일을 벌일 리가 없었기 때문이다. 왜 베트남이었을까?

02 ─ 대한민국의 엘도라도, 베트남

세계경영, 그 미완의 꿈이 잠든 곳

김우중 회장이 GYBM을 베트남에서 시작한 이유는 한두 가지가 아니었다. 우선 과거 베트남과의 남다른 인연이 있었다. 대우가 세계경영을 외치며 진취적으로 해외시장을 개척할 당시 베트남은 그 개척지 중 하나였다. 그것도 세계경영을 완성하기 위해 없어서는 안 될 중요한 퍼즐 조각이었다. 당시 국내뿐만 아니라 전세계적으로 베트남에 가장 많이 투자한 기업이 대우였으니, 세계경영을 위해 전심전력을 다하던 대우에게 베트남이 얼마나 중요한 시장이었는지 짐작할 수 있다.

김우중 회장이 베트남에 아낌없이 투자했던 이유는 이곳을 동남아시장 진출의 핵심 거점으로 삼고자 했기 때문이다. 즉, 그에게 베트남은 '동남아시아'라는 드넓은 경제영토를 확보하기 위한 전략적 요충지였던 셈이다. 그런데 그가 베트남을 교두보로 삼아 동남아시장 진출을 꾀하고자 하는 생각을 품었던 것은 세계경영을 본격적으로 전개하기 이전이었다. 대우가 해외시장 개척에 주력하며 쌓은 역량을 세계경영으로 발전시키기 이전부터 김우중 회장은 동남아시장을 장악하겠다는 꿈을 꾸었다. 그리고 그 개척 활동의 근거지로 베트남을 염두에 두고 있었다.

그러던 중에 1986년 사회주의 국가인 베트남이 모든 부문에 걸친 개혁 정책안, 이른바 '도이모이(쇄신을 뜻하는 베트남어) 정책'을 채택하면서 경제 개방이 이루어졌다. 이때 누구보다도 발 빠르게 움직인 기업인이 바로 김우중 회장이었다. 그는 1990년에 이미 베트남 남부의 최대 도시인 호찌민 시에 대우의 해외지사를 개설했고, 이듬해인 91년에는 베트남의 수도 하노이 시에 해외지사를 설립해 베트남 진출의 교두보를 확보했다. 1992년 12월에 한국과 베트남의 국교 수립이 이루어졌으니, 공식적으로 우리 정부가 베트남과 외교관계를 맺기 전부터 대우는 베트남 시장에 뛰어들었던 것이다.

"베트남이 대외개방을 하고 처음 찾은 외국 기업인이 접니다. 그래서 우리 대우가 초창기부터 베트남에서 한 일이 참 많아요. 호텔도 세워주고, 고속도로도 깔아주고…… 정말 다양한 일을 했습니다."

여기서 호텔은 지금도 성업 중인 '하노이 대우호텔'을 말한다. 김우중 회장은 한 국내 언론과의 인터뷰에서 그때 일을 회고한 바 있다. 당시 베트남처럼 과거 프랑스 식민지였던 국가들이 정상회담을 열 마땅한 호텔이 없어 고민하고 있었다. 그때 김우중 회장이 베트남 공산당 서기장이었던 도므어이Đô Mười의 말을 듣고 하노이 시내 중심부에 하노이 대우호텔을 세운 것이다. 1996년 설립 당시 하노이 대우호텔은 지상 18층 건물에, 411개의 객실을 갖춘 베트남 최초의 5성급 대형 호텔이었다. 그런 만큼 베트남에서 큰 주목을 받았다. 그 관심을 반영하듯 호텔 개관식에는 대통령을 비롯해 수많은 고위급 베트남 정부 인사들이 참석했다.

이 일을 계기로 대우는 베트남 정부의 큰 신뢰를 얻어 순조롭게 수많은 대규모 사업 기회를 얻게 됐다. 대우가 베트남에서 가장 맹위를 떨치던 1998년 당시에는 비담코 자동차, 종합가전 공장, 대하 비즈니스센터, 오리온 하넬 브라운관 공장, 유전 개발, 퍼스트비나 은행 등 20여 개에 달하는 대형 프로젝트를 맡아 진행했다. 뿐만 아니라 20억 달러를 상회하는 새로운 사업들도 추진할 예정이었으니, 대우에 대한 베트남 정부의 신뢰가 얼마나 깊었는지 알 수 있다.

그러나 예기치 않은 그룹 해체로 베트남에서 승승장구하던 대우의 질주는 허망하게 끝이 나고 말았다. 국가경제 발전이라는 큰 뜻을 품은 채 내 한 몸 돌보지 않고 베트남 시장 개척을 위해 전심전력을 다했던 김우중 회장과 대우인들이었기에 그 상실감과 좌절감은 이루 말할 수 없었다. 간접적으로 그 얘기를 듣는 나조차도 안타까움이 이만저만이 아닌데 당사자들의 심정이야 오죽하겠는가. 김우중 회장이 꿈꾸던 그 모습 그대로 대우가 베트남에 성공적으로 안착했다면 지금의 대한민국 국가경쟁력이 크게 달라졌을 것이다. 때문에 나라의 안녕을 위해 어떤 희생도 마다하지 않던 김우중 회장과 대우인이 베트남을 대하는 마음은 남달랐다.

베트남은 단순히 세계의 수많은 국가 중 하나가 아니었다. 국가경제 발전을 위해 자신들이 가장 치열하게 일했던 역사적인 현장이자 세계경영의 꿈을 이루지 못한 한이 깊게 서린 장소이기도 했다. 이들에게 베트남은 기쁨과 환희, 슬픔과 회한, 성취와 영광, 좌절과 상실 등 수많은 기억의 편린들이 존재하는 매우 특별한 공간이었다. 특히 김우중 회장은 베트남을 더더욱 각별하게 생각했다. 제2의 고향으로 삼을 정도였다. 건강 문제로 의사가 따뜻한 나라에 가서 요양할 것을 권했을 때 그가 주저 없이 베트남을 택한 이유도 이곳을 고향처럼 생각했기 때문이다. 그러다 그는 하루가 멀다 하고 고국에서 들려오는 청년 실업 문제에 귀를 기울이게 되었다. 그리고 이를 해소할 방법을 찾던 중에 개인적으로나 대우에게나 특별한 장소인 베트남에서 글로벌 인재를 육성하여 나라에 도움을 주자는 큰 뜻을 품은 것이다. 그러나 김우중 회장은 단순히 이 이유만으로 베트남을 낙점하진 않았다. 그는 자타공인 타고난 사업가가 아닌가.

왜 베트남인가

김우중 회장이 베트남을 GYBM의 시작점으로 삼은 가장 결정적인 이유는 예나 지금이나 베트남이 '오늘보다 내일이 기대되는' 가능성이 많은 나라였기 때문이다. 그는 세계 어느 곳보다 지금 우리에게 가장 큰 기회를 제공할 황금의 땅이 바로 베트남이라고 생각했다. 그 이유는 무엇일까?

김우중 회장은 그 첫 번째 이유로 베트남의 많은 인구를 들었다. 처음 사업을 시작할 때부터 인구수는 그가 늘 어떤 시장을 공략할 것인가를 정할 때 우선적으로 고려하는 중요한 판단 기준이었다. 그는 인구가 많은 나라일수록 더 큰 기회와 가능성이 있다고 생각했다.

"해외시장에 진출할 때 복잡하게 판단하지 않았어요. 인구가 얼마나 많은지, 땅이 얼마나 큰지, 어떤 부존자원을 가지고 있는지를 살폈습니다. 이 중에서 인구가 제일 중요해요. 모든 것은 결국 사람이 하는 것이니까요."

인구수와 경제발전의 상관관계를 회의적으로 바라보는 시각도 물론 있다. 하지만 여전히 인구수는 경제발전에 적지 않은 영향을 미치는 주된 요인으로 꼽힌다. 기본적으로 경제발전은 사람에 의해 이루어지므로 인구가 많다는 것은 곧 경제발전을 위한 생산 자원이 풍부하다는 사실을 의미하기 때문이다. 또한 이는 소비시장이 크다는 것을 뜻하기도 한다. 사람이 많을수록 재화(財貨)를 구입해서 쓰고 다시 구매하는 소비인구도 많지 않겠는가. 특히 베트남은 인구도 많지만 젊은 연령층의 비율이 높다. 2014년 기준 베트남의 총 인구는 약 9,300만 명으로, 이 중 30대 미만의 인구가 약 60퍼센트에 달한다. 그러다 보니 전체 평균 연령도 28세밖에 되지 않는다. 베트남은 평균 연령이 38세(2010년 기준)인 우리

나라보다 무려 열 살이나 어린 '젊은 국가'인 셈이다. 젊은 세대가 많다는 것은 튼튼하고 강력한 경제성장 동력과 비약적인 성장이 예고되는 소비시장을 가졌다는 뜻이다. 그러니 베트남이 얼마나 성장 잠재력이 큰 기회의 땅인지 짐작할 수 있을 것이다. 게다가 베트남 국민들은 근면하고 어떤 목표를 달성하려는 의지가 강하며, 문맹률이 10퍼센트 미만일 정도로 교육열이 높다. 단순히 인구만 많은 것이 아니라 젊은 데다 우수한 실력과 가능성까지 갖춘 인적 자원을 풍부하게 보유한 나라가 바로 베트남이다. 그뿐인가. 인적 자원의 질에 비해 상대적으로 임금 수준은 매우 낮다. 즉, 적은 비용으로 양질의 노동력을 확보할 수 있는 곳이 또한 베트남이다.

김우중 회장이 베트남을 더없는 기회의 땅으로 생각하는 두 번째 이유는 넓은 땅과 풍부한 부존자원이었다. 베트남은 국토 면적이 22만 제곱킬로미터인 한반도보다 약 1.5배(약 33만 제곱킬로미터)나 큰 땅을 가지고 있다. 게다가 석유, 석탄, 석회석, 크롬, 티타늄, 철광석, 천연고무 등 각종 천연자원을 다량 보유하고 있다. 또한 관광자원도 풍부할 뿐만 아니라 쌀은 물론 커피를 세계에서 가장 많이 수출하는 대표적인 국가이기도 하다.

세 번째 이유는 안정적인 정치구조였다. 정치적 안정은 기업이 해외투자를 할 때 매우 중시하는 요소 중 하나다. 정치적으로 불안정하면 급격하게 사회 변화가 일어날 수 있고 한순간 지도부가 바뀔 수 있어 그만큼 기업이 감당해야 할 리스크가 늘어나기 때문이다. 그러나 베트남은 다른 동남아 국가들에 비해 정치적으로 안정되어 있어 기업들이 장기적인 사업 계획을 세우기가 용이하다.

네 번째 이유는 베트남 정부의 개방적인 대외 정책이었다. 베트남은 사회주의 국가이면서 경제 부문에서는 과감하게 시장을 개방했다. 그리고 중앙 정부가 적극적으로 나서서 외국 기업들이 투자와 사업을 하기 좋은 최적의 환경을 제공하고 있다.

이외에도 김우중 회장은 다른 동남아 국가에 비해 도로, 항만 등 산업활동에 필요한 인프라가 비교적 잘 갖춰진 점, 지리적으로 동남아시아의 중심에 위치한 데다 중국과 국경이 맞닿아 있어 거대 시장인 중국으로 수출이 유리하다는 점이 우리에게 가장 크고 많은 기회를 선사할 땅이라는 것을 보여주는 지표라고 말했다.

이와 더불어 그는 한국과 지리적, 정서적으로 가깝다는 점이 베트남을 대한민국의 엘도라도로 보는 결정적인 이유라고 했다. 지리상 두 나라는 그리 멀지 않은 곳에 위치한 데다 지정학적 특성으로 아주 흡사한 역사를 가지고 있어 정서적으로도 공통점이 많다. 또한 자신들과 마찬가지로 한국도 과거에 약자였기 때문에 다른 선진국에 비해 우리에 대한 경계심이 적고, 어려운 여건 속에서도 눈부신 경제성장을 이룬 한국을 경제개발 모델로 삼아 배우려는 의지도 강하다. 특히 한류(韓流) 덕분으로 한국에 대한 베트남의 정서는 매우 호의적이다. 베트남은 동남아시아에서 한류 열풍의 중심지로 한국에 긍정적인 이미지를 가지고 있어 한국 기업과 제품이 인기가 많고 신뢰도가 매우 높다.

실제로 나는 GYBM을 탐방하는 동안 한국에 매우 호의적인 베트남을 어렵지 않게 만날 수 있었다. 어느 날 하노이 롯데호텔 내 식당가를 방문했는데, 가장 많은 사람이 몰리는 곳이 바로 한국 음식점이었다. 이 모습을 보면서 베트남은 '코리아 프리미엄'까지 톡톡히 누릴 수 있는 매력적인 시장이라는 점을 깨달았다. 타고난 사업가인 김우중 회장이 왜 이곳을 GYBM의 시작점으로 삼았는지 어느 정도 짐작할 수 있었다.

세계의 자본을 가장 강력하게 빨아들이는 블랙홀

베트남은 시장의 성장 잠재력을 보여주는 다양한 지표들을 충족시킨다. 이를 반영하듯 베트남 경제는 다소 변동 폭은 있으나 쉼 없이 고속성장을 이어나가고 있다. 베트남 통계청의 자료에 따르면 베트남은 2001년에서 2010년까지 무려 7퍼센트를 상회하는 경제성장률(한국 2015년 기준 2.6퍼센트)을 기록했다. 그 기세가 여전해 지금은 세계에서 가장 빠르게 성장하는 국가 중 하나다. 이 고속성장에 견인차 역할을 하고 있는 것이 '외국인 투자'다. 김우중 회장이 거론했던 베트남의 여러 성장 지표에 주목한 외국 기업들이 아낌없이 투자를 하면서, 외국인 투자는 베트남 경제성장의 가장 큰 동력이 되고 있다.

1998년부터 2008년까지 외국인 투자 기업의 수출 비중이 베트남 전체 수출의 50퍼센트 이상, 산업생산 활동의 40퍼센트를 차지했으니, 외국인 투자가 베트남 경제에 얼마나 많은 기여를 하는지 짐작할 수 있다. 특히 값싼 노동력을 무기로 '세계의 제조공장' 역할을 하던 중국이 인건비 상승 등으로 그 지위가 흔들리면서, 풍부하고 저렴한 노동력을 갖춘 베트남이 중국을 대체할 새로운 글로벌 생산거점 및 수출 전진기지로 주목받고 있다. 베트남은 그야말로 블랙홀처럼 세계의 자본을 무섭게 빨아들이고 있다.

빠른 경제발전에 발맞춰 내수시장도 무섭게 동반 성장해 수출대상국으로서의 가능성이 커진 점 또한 외국인 투자자들을 베트남으로 유인하는 주된 요인 중 하나다. 아닌 게 아니라 나는 GYBM을 탐방하는 동안 베트남 거리 곳곳에서 내수시장이 급속하게 성장하는 모습을 생생히 목격했다. 여전히 오토바이가 베트남의 주요 교통수단이기는 하지만 수많은 오토바이 행렬 속에서 심심치 않게 유럽의 고급 승용차가 눈에 띄었다. 또한 세계적인 다국적 기업에서 만든 최신 휴대폰을 사용하는 사람들의 모습도 어렵지 않게 목격할 수 있었다. 이는 그들의 월급 두세 달치 정도의 고가로, 그만큼 베트남인의 소득 수준이 향상되었다는 증거로 볼 수 있다. 베트남 통계청에 따르면 베트남의 GDP 성장률은 2000년대 들어 매년 5퍼센트 이상을 상회했으며, 2015년에는 정부 목표치였던 6.2퍼센트를 뛰어넘어 6.68퍼센트에 달하는 성장률을 기록했다.

특히 베트남 내수시장이 매력적인 이유는 전체 인구의 약 60퍼센트가 30세 이하의 젊은 세대라는 점이다. 5,000만 명이 넘는 이들 젊은 층이 지속적인 경제성장과 함께 왕성한 소비주체로 등장한다고 생각해보라. 베트남 내수시장의 비약적인 성장은 불 보듯 빤하지 않은가. 이러한 이유로 얼마 전까지 한국을 비롯한 외국 기업들이 주로 글로벌 생산거점 및 수출 전진기지로서의 이점 때문에 베트남에 진출했다면, 지금은 베트남 내수시장의 무시할 수 없는 잠재력이 강력한 진출 동기가 되고 있다.

그러나 베트남 시장이 외국인 투자자에게 이롭기만 한 것은 아니다. 적극적으로 경제개방 정책을 펼치고 있지만 베트남은 엄연한 사회주의 국가다. 아직은 불완전한 사회시스템으로 사업 진행이 늦고 복잡하다. 또한 경제가 성장함에 따라 인건비가 상승하고 있다는 점 등 무턱대고 투자를 하기에는 고려해야 할 사항이 한두 가지가 아니다. 하지만 '그럼에도 불구하고' 베트남은 외국인 투자자들에게 먹을 파이가 많고 미래에 '발전할 수밖에' 없는 구조를 가진 투자가치가 매우 높은 시장이다.

특히 땅덩이가 작고 천연자원도 부족해 필연적으로 국경 밖에서 살길을 모색해야 하고, 지리적·정서적으로 가까워 공략 대상으로 삼기에 유리한 우리에게는 더더욱 그렇다. 그래서 김우중 회장은 지금 우리에게 베트남만큼 큰 기회를 제공할 시장은 없다고 생각했고, 너무도 자연스럽게 이 황금의 땅에서 GYBM을 시작했으면 좋겠다는 결론에 도달한 것이다.

03 — 한국에서 대기업에 들어가는 것보다 낫다

더 큰 기회와 가능성의 땅

나는 GYBM을 탐방하는 동안 베트남을 주제로 김우중 회장과 많은 대화를 나누었다. 그만큼 우리 두 사람에게 베트남은 나눌 얘기가 풍성한 곳이었다. 나는 우리가 많은 부분에서 공통된 생각을 가지고 있다는 것을 깨닫고, 그에게 깊은 동질감을 느꼈다. 그러나 베트남 경제의 전망에 대해서는 그의 의견에 전적으로 동의할 수 없었다. 평소 베트남 경제의 미래를 봤지만 그의 전망은 지나치게 낙관적인 측면이 있었기 때문이다. 다음은 김우중 회장의 이야기다.

"나는 앞으로 베트남이 급성장해 15~20년 안에 동남아 국가 중 싱가포르, 홍콩을 빼고 최고의 위치에 오를 것이라고 생각합니다, 아마도 중국 다음가는 나라가 베트남이 되지 않을까 싶어요. 그런 점에서 베트남과 더욱 좋은 관계를 만들어가야 합니다."

내가 이 의견에 온전히 수긍할 수 없었던 이유가 있었다. 베트남처럼 발전 가능성이 높게 평가되던 개발도상국 중에 '중진국(국민 1인당 소득이 4,000~1만 달러 범위에 속하는 국가) 함정'에 빠져 경제발전 단계가 다시 후퇴한 곳이 적지 않았기 때문이다. 브라질, 아르헨티나, 칠레 등이 대표적이다. 이들 나라 역시 경제발전 초기에는 단기간에 고속성장을 이루다가, 중진국 수준에 도달해서는 어느 순간 성장이 정체되어 지금도 그 덫에서 벗어나지 못하고 있다.

제2차 세계대전 이후 100여 개의 개발도상국 가운데 중진국 함정에 빠지지 않은 나라는 산유국과 도시국가를 제외하고 한국, 일본, 대만 세 곳뿐이다. 그만큼 중진국에서 벗어나 다음 단계로 경제발전을 이루는 것은 어려운 일이며, 중진국 함정에 빠지지 않기 위해서는 무엇보다도 새로운 성장 동력이 필요하다. 문제는 그 새로운 동력을 마련하기가 쉽지 않다는 것이다. 지금 경제성장 둔화를 보이는 중국을 두고 안팎에서 중진국 함정에 빠질 수도 있다는 우려의 목소리가 높아지는 것은 성장률의 하락세를 만회할 구체적인 대안을 찾지 못하고 있기 때문이다.

베트남 역시 지금은 순항하고 있지만 중진국 수준에 이르렀을 때 새로운 성장 동력을 찾지 못하면 그대로 성장이 정체될 수도 있다. 때문에 나는 그의 의견에 전적으로 수긍할 수 없었던 것이다. 그러나 김우중 회장의 생각은 달랐다. 적어도 자신이 보기에 베트남은 세계 어느 곳보다 성장 잠재력이 큰 나라인 만큼 중진국 함정에서 성공적으로 벗어나 충분히 다음 단계를 향해 나아갈 수 있다고 보았다. 그는 한국 사회 전체가 너 나 할 것 없이 주저하지 말고 하루라도 빨리, 그리고 더 많이 베트남에 진출해야 한다고 강조했다. 그래서 현재 베트남에서 맹활약하고 있는 한국 기업들의 모습에 더없는 기쁨을 느꼈다.

일찍부터 한국 기업들은 베트남에 진출해 괄목할 만한 성취를 이뤄가고 있다. 자료에 따르면 한국은 세계에서 가장 적극적으로 베트남에 투자활동을 펼쳐, 현재 베트남 내 주요 투자국 중 1위다. 2016년 상반기 기준 베트남에 진출한 한국 기업은 무려 4,600여 개에 이르고, 그 투자액은 2015년 말 기준 451억 달러에 달한다.

김우중 회장은 오랜 시간 베트남에 머물며 한국경제에 가장 큰 기회를 선사할 엘도라도로 그곳을 염두에 두고 있었다. 그런 입장에서 우리 기업들이 적극적으로 베트남에 뛰어들어 선전하는 모습이 어찌 기쁘지 않겠는가. 그러나 그 기쁨의 크기만큼 대한민국의 청년들이 베트남에 적극적으로 진출하지 않는 점에 깊은 안타까움을 느꼈다. 한국 기업뿐만 아니라 우리 젊은이들에게도 베트남은 더 많은 기회와 가능성을 선사할 황금의 땅이었기 때문이다. 특히 베트남에 진출한 한국 기업, 그중에서도 중소기업들이 일감이 있어도 이를 관리할 인재가 없어 고전을 면치 못하는 모습을 보면서 안타까움은 더욱 배가 되었다. 바로 그 안타까움이 GYBM의 주요 설립 취지가 되었다. 현재 GYBM은 그 취지대로 베트남을 비롯해 동남아 국가에 진출한 우리 중소기업들에게 실무 능력을 갖춘 인재를 공급함으로써 이들 기업의 구인난 해소와 글로벌 경쟁력을 높이는 데 큰 기여를 하고 있다.

지금 서 있는 곳에 성장 사다리가 있는가

그렇다면 김우중 회장은 왜 베트남을 한국 기업뿐만 아니라 우리 청년들에게도 더없이 좋은 기회의 땅이라고 했을까?

그 첫 번째 이유는 베트남 경제가 빠르게 성장하는 만큼 일자리가 많이 만들어지고 있기 때문이다. 2.3퍼센트에 불과한 베트남의 실업률은 이를 입증하는 하나의 증거다. 김우중 회장은 상당 기간 베트남에서 많은 일자리가 창출될 것이기 때문에 우리 젊은이들이 큰 비전과 도전정신을 가지고 베트남에 진출하면 얼마든지 좋은 취업 기회를 잡을 수 있다고 강조했다. 특히 베트남에 진출한 4,600여 개의 한국 기업뿐만 아니라 한국 관련 비즈니스를 하는 외국 기업들도 현재 한국 인재들이 절실하게 필요한 상황이다. 따라서 그는 일자리를 구하지 못해 실의에 빠진 우리나라 청년들에게 베트남 진출은 가장 좋은 대안이 될 수 있다고 말했다. 생활 물가가 저렴하다는 점도 그가 우리 젊은이들이 진취적으로 베트남에 진출해야 하는 이유로 꼽았다.

"베트남에 오면 처음에는 한국에서 일하는 친구들보다 월급이 적을 수 있어요. 하지만 베트남은 생활 물가가 싸서 절대연봉이 적더라도 훨씬 많은 돈을 저축할 수 있어요. 반면에 한국에서 일하는 친구들은 월급을 더 많이 받아도 물가가 비싸서 거의 저축을 하지 못해요. 그래서 여기서 일하는 친구들이 나중에 남는 돈이 더 많아지죠. 5년 동안 열심히 하면 10만 달러 이상 저축할 수 있어요."

한국에서 5년 동안 10만 달러, 즉 1억이 넘는 돈을 저축할 수 있는 직장인들이 얼마나 될까? 아주 고액의 연봉을 받거나 생활 자금을 누군가가 지원해주지 않는 이상 거의 불가능하다. 그러나 베트남은 생활 물가가 저렴하기 때문에 아주 풍족하지는 않지만 쓸 것 다 쓰면서도 얼마든지 이 돈을 모을 수 있다는 것이 김우중 회장의 주장이었다

빠르게 성장하는 회사들이 많은 만큼 일도 많이 배울 수 있고, 능력과 실력을 입증하면 그에 상응하는 보상이 충분히 주어진다는 점도 그가 생각하는 또 다른 장점 중 하나였다.

"한국에서는 연봉이 2~3만 달러(약 2,300만~3,500만 원) 하는 회사 중 빨리 성장하는 곳이 많지 않아요. 그래서 승진도 느리고 높은 지위에 올라가는 것도 쉽지 않지요. 하지만 베트남에서 그 정도 연봉을 주는 회사는 성장 가능성이 높아 일도 훨씬 많이 배울 수 있고, 승진도 빠릅니다. 이런 회사에서 일만 잘하면 몇 년 만에 위치가 크게 달라질 수 있어요."

또한 그는 베트남에서는 작은 회사에서 일할 가능성이 높지만 그만큼 회사에서 인정받아 책임 있는 일을 맡을 수 있다고 했다. 뿐만 아니라 다방면으로 많은 일을 배우기 때문에 회사에서 쌓은 경험을 바탕으로 창업할 기회도 더 많이 주어진다고 말했다. 게다가 베트남은 창업에 유리한 환경까지 갖추고 있어 우리 젊은이들에게 이보다 좋은 기회의 땅은 없다고 강조했다.

"처음에는 한국에 있는 친구들보다 작은 회사에서 일할 수 있습니다. 하지만 열심히 하다 보면 그 회사에서 인정을 받아 책임 있는 일을 맡을 수 있어요. 또 회사에서 쌓은 경험으로 창업할 수 있는 기회도 더 많습니다. 더구나 이곳에서 창업할 때는 토지 임대료가 거의 없고, 건설비용도 싼 편인 데다 경공업은 시설재가 저렴해서 상대적으로 창업비용이 적게 들어요. 따라서 경공업 분야의 경우는 큰돈 들이지 않고 이곳에서 얼마든지 창업할 수 있어요."

창업, 특히 경공업 분야의 창업을 할 때 가장 높은 진입장벽이 인건비와 토지 임대료다. 그런데 베트남은 이 두 가지가 매우 저렴해서 김우중 회장의 말대로 어렵지 않게 경공업 분야의 사업을 시작할 수 있다. 인건비가 저렴한 것은 누누이 강조했듯 베트남이 저임금으로 양질의 노동력을 확보할 수 있을 만큼 인적자원이 풍부하기 때문이고, 토지 임대료가 싼 것은 민간이 아닌 중앙 정부가 토지를 빌려주기 때문이다. 사회주의 국가인 베트남은 개인의 토지 소유를 인정하지 않는다. 아주 특별한 경우를 제외하고 법적으로 개인의 토지 소유는 물론 매매가 금지되어 있다. 모든 토지는 국가의 소유로서 그 사용권만 인정한다. 따라서 베트남에서 사업을 하려면 국가로부터 토지 사용권을 빌려야 하는데, 그 비용이 상당히 저렴하다.

이러한 많은 이점 때문에 김우중 회장은 멀리 내다봤을 때 처음에는 초라해도 베트남에서 일하는 젊은이들이 한국에서 대기업에 다니는 젊은이들보다 미래가 밝다고 말했다. 따라서 '오늘'만 보고 모든 것을 판단하지 말고 도전정신을 갖고 베트남에 진출하라고 조언했다. 중요한 것은 '내일'의 성장 가능성이니 말이다.

지금 당신이 서 있는 곳에는 '성장 사다리'가 있는가? 김우중 회장은 출발이 초라해도 지금 서 있는 곳에 성장 사다리만 존재한다면 미래는 한없이 밝다고 말했다. 중요한 것은 얼마나 출발이 화려한가가 아니라 성장 사다리를 타고 얼마나 높이 올라갈 수 있느냐이다. 그는 베트남이 바로 그 사다리가 존재하는 황금의 땅이라고 보았다.

대한민국의 청년들이여, 김우중 회장의 조언대로 도전정신을 갖고 베트남이라는 미지의 땅으로 나서라. 그리고 그곳에 있는 성장 사다리를 타고 높이, 더 높이 올라가라. 그곳이 아직 미개척의 땅이라 힘들고 어려운 일도 많겠지만 그만큼 경쟁자가 적고 앞으로의 발전 가능성이 크다. 때문에 도전정신을 가지고 그곳으로 들어가 열심히 하다 보면 큰 성공 기회와 조우할 수 있으리라 믿어 의심치 않는다.

04 — 동남아시아를 선택한 이유

가장 큰 변화의 동인, 동남아시아

베트남은 여러모로 김우중 회장에게 생애 마지막 도전일 수도 있는 GYBM을 시작하기에 최적의 장소였다. 특히 예나 지금이나 우리에게 어마어마한 발전과 성장 가능성을 선사할 무한한 기회의 땅이라는 점이 결정적인 이유였다. 우리에게 더없이 좋은 기회의 땅에서 글로벌 인재를 육성해 그들이 이곳에서 활발하게 비즈니스를 펼칠 수 있도록 돕는다면 우리 젊은이들은 물론 한국경제의 미래가 한없이 밝아질 것이라고 생각했다. 이에 김우중 회장과 대우인들은 세계시장을 개척하며 쌓은 모든 노하우와 역량을 GYBM에 쏟아부었다. 덕분에 2011년 베트남에서 시작한 GYBM은 단기간에 눈부신 성장을 이루었다. '40명'이라는 아주 작은 규모로 시작한 GYBM은 현재 졸업생이 600명이 넘는다. 프로그램을 진행하는 나라도 베트남에서 미얀마, 인도네시아, 태국으로까지 확대됐다. 또한 모든 졸업생들이 취업에 성공했고 이들을 고용한 회사에서 좋은 평판을 듣고 있다.

김우중 회장이 베트남에 이은 다음 GYBM 운영지를 다른 대륙이 아닌 동남아시아로 선택한 이유는 베트남을 GYBM의 시작점으로 삼은 이유와 같았다. 세계 어느 곳보다 성장 잠재력이 큰 시장이었기 때문에 그는 자연스럽게 동남아 국가들로 GYBM을 확장시켰던 것이다.

"신흥시장이 21세기에 가장 큰 변화의 동인이라고 얘기하는데, 신흥시장에서 가장 큰 곳이 아시아예요. 먼저 세계 1, 2위 인구대국인 중국과 인도가 있고, 4위 대국인 인도네시아가 있어요. 그 외에 파키스탄, 방글라데시, 일본을 합치면 세계 10위권 인구대국 중 6개국이 아시아에 있는 셈이지요. 이 나라들이 빠르게 성장하면서 앞으로 세계경제 지도가 바뀔 거예요. 인구가 많은 지역이 성장 속도가 높아지면서 나타나는 효과는 일반인들이 상상하는 수준을 크게 뛰어넘거든요. 그래서 지금 나는 아시아, 그중에서도 아세안(ASEAN, 동남아 10개국으로 구성된 국가연합)에 많은 관심을 가지고 있습니다. 중국이나 인도만큼 크지는 않지만 여기도 인구가 6억 2,500만 명에 달할 정도로 많은 기여이거든요. 세계 인구의 8.8퍼센트가량을 차지해요. 그리고 중국의 임금 상승이 계속되고 있기 때문에 베트남과 같은 동남아 국가들에 가장 큰 발전 가능성이 있다고 봅니다. 실제로 제조업 투자가 활발하고, 외국에서 기업들이 이전해오고, 수출이 지속적으로 늘어나는 나라들이 동남아 국가들이에요. 값싼 노동력을 활용해서 경제발전을 할 수 있는 여지가 아직 많지요. 동남아의 정부들이 적극적으로 해외 기업을 유치하고 기업들이 원하는 사업 환경을 만들어주는 것도 긍정적이에요. 경쟁력 있는 노동력에, 사업하기 편한 환경을 만들어주는 정부의 지원을 바탕으로 동남아 국가들의 발전 속도가 빠를 테니 사업 기회도 더욱 많을 것입니다. 따라서 우리는 지금보다 더 많이 이곳으로 진출해야 해요."

김우중 회장의 말처럼 지금 세계에서 가장 큰 신흥시장은 아시아다. '이머징 마켓emerging market'이라고도 불리는 신흥시장은 금융시장, 특히 자본시장 부문에서 급성장하고 있는 시장을 이르는 말이다. 일반적으로 베트남처럼 개발도상국 중 경제성장과 산업화가 빠르게 진행되고 있는 국가의 시장을 가리킨다. 현재 신흥시장으로 분류되는 지역으로는 아시아, 동유럽, 라틴아메리카 등이 있으며, 최근 국제사회에서 가장 주목받으며 빠르게 급부상하고 있는 곳이 아시아, 그중에서도 동남아시아다.

세계가 동남아시아에 큰 관심을 보이는 이유는 6억 명이 넘는 많은 인구와 젊은 연령층의 비율이 높은 인구 피라미드 구조(평균 연령 약 30세), 가구당 2.8명의 높은 출산율, 풍부한 천연자원, 외국 자본 유치에 적극적인 정부, 중산층 증가 등 성장 잠재력을 가늠하게 하는 요건을 두루 갖추고 있기 때문이다. 이 성장 잠재력에 주목한 외국인 투자자들이 베트남을 비롯해 인도네시아, 태국, 필리핀 등 여러 동남아 국가에 몰리면서 이를 동력으로 삼아 동남아시장이 하루가 다르게 급성장하고 있다.

통계자료에 따르면 2000~2010년간 동남아 주요 국가의 연평균 성장률은 세계 평균 성장률보다 약 2퍼센트가 높은 5퍼센트 이상을 기록했다. 많은 전문가들이 큰 이변이 없는 한 이러한 성장세가 계속될 것으로 전망하고 있다. 그러나 이는 어디까지나 예상일 뿐이다. 지금처럼 동남아시아가 지속적으로 고속성장을 할 거라고 그 누구도 장담할 수 없다. 그러기 위해서는 동남아 국가들이 넘어야 할 산이 한두 가지가 아니기 때문이다. 극심한 빈부격차로 인한 경제·사회적 불안정, 고성장에 따른 물가상승, 통화가치 상승으로 수출 경쟁력 약화 등 경제성장의 발목을 잡을 장애물이 산재해 있다. 때문에 동남아를 침체기에 빠진 세계경제를 되살려줄 구원투수로 보는 것은 지나친 기대일 수 있다. 그러나 세계경제의 성장 비퀴 역할을 하던 중국, 인도 등이 임금 상승등으로 성장세가 점점 둔화되는 상황에서 동남아는 그 대안으로무시할 수 없는 거대한 성장 잠재력을 지닌 매력적인 시장임에틀림없다.

이제 신흥시장이다

얼마 전까지 지구촌은 침체기에 빠진 세계경제를 회복시켜줄 구세주로 '브릭스BRICS'를 주목했다. 브릭스는 브라질Brazil, 러시아Russia, 인도India, 중국China, 남아프리카공화국Republic of South Africa의 앞글자를 따서 만든 경제용어로, 2000년대를 전후해 빠른 경제성장을 보이는 신흥경제 5개국을 일컫는다. 그런데 지금 이들 신흥국마저도 성장이 둔화되고 있다. 이러한 상황에서 세계경제의 새로운 기회의 땅으로 급부상한 곳이 바로 동남아시아다. 따라서 운명적으로 국경 밖에서 살길을 모색해야 하는 한국의 입장에서 동남아시아는 반드시, 그것도 적극적으로 공략해야 할 시장이다. 게다가 동남아는 우리가 가장 '잘' 할 수 있는 시장이기 때문에 더더욱 배수진을 치고 이 시장을 잡아야 한다.

　내가 동남아시아를 한국이 공략 대상으로 삼기에 유리한 시장으로 보는 이유는 다음과 같다. 문화적으로도 너무 다르고 결코 호락호락하지 않은 시장인 미국과 유럽, 거리상 너무 먼 곳에 있는 남아메리카, 여러 이유로 산업활동을 하기에는 아직 시간이 필요한 아프리카와 달리 동남아시장은 지리적, 정서적으로 가깝다. 게다가 충분하지는 않지만 산업활동을 할 수 있는 인프라가 어느 정도 갖춰져 있는 곳이기 때문이다. 이 의견에 김우중 회장도 깊이 공감하면서 한국이 진취적으로 동남아시장을 공략해야 하는 이유를 한 가지 더 덧붙였다. 그것은 바로 세계경제의 중심이 '선진국'에서 '신흥국'으로 옮겨가고 있다는 점이었다. 즉, 그는 세계경제를 주도하는 힘, 세계경제의 패러다임이 동남아 국가들과 같은 신흥시장으로 이동하고 있기 때문에 이 시장에 더욱 적극적으로 진출해야 한다고 주장했다.

　"지금까지 내가 본 바에 따르면 세계경제에는 시기마다 하나의 흐름이 나타났습니다. 과거에는 선진국 중심으로 생산과 소비가 이루어졌기 때문에 자연스레 세계경제가 선진국 중심이었어요. 세계경제의 변화는 곧 선진국의 변화였지요. 그래서 그들이 필요한 것을 제공하면 됐고, 그 시절 우리는 이들의 직접적인 상대가 아니었기 때문에 기회가 많았어요. 이들의 이익에 반하지만 않으면 우리가 필요한 기회를 얻을 수 있었지요. 이때 선진국은 세 가지 특징을 가지고 있었습니다. 첫 번째는 제조업이 강해서 생산 활동이 활발하다는 것이었고, 두 번째는 자국 통화가 세계적으로 영향력이 컸다는 것, 세 번째는 무역수지가 흑자였다는 것이에요. 그러다 보니 계속 강해지면서 세계경제를 주도한 것입니다. 그런데 국가를 넘어 세계경제에 영향력을 행사하는 거대 금융세력이 등장하면서 흐름이 바뀌었어요. 국가재정 문제가 크게 대두되면서 금리 정책, 환율 정책이 중시되기 시작했습니다. 그러면서 국가부도 위기까지 내몰리는 경우가 과거 선진 경제권에서조차 생겨나게 되었지요. 그러다 보니 선진국의 세 가지 특징이 퇴조를 보이기 시작했어요. 제조업이 약해지고 무역수지 흑자를 내지 못하게 된 겁니다. 그러면서 21세기 들어 자연스럽게 대체 세력이 등장하기 시작했어요. 제조업과 무역의 중심이 선진국에서 신흥국 중심으로 이전되는 현상이 나타나게 된 것입니다. 때문에 나는 이제 신흥시장의 시대가 열릴 거라고 봐요. 신흥시장은 무한한 잠재력을 가지고 있어요. 중국, 인도만 합쳐도 인구가 25억 명이 넘지요. 세계 인구의 40퍼센트에 육박하는 숫자예요. 사람이 많은 곳의 시장이 크고 성장 가능성이 높은 것은 자명한 이치입니다. 그러니까 선진국 다국적 기업들도 모두 신흥시장에 적극적으로 진출하려는 것 아니겠어요? 이런 점에서 많은 한국 기업들이 적극적으로 동남아에 진출해 활약하고 있는 것은 매우 고무적이고 의미 있는 노력이라고 생각합니다.”

김우중 회장은 자신의 저서 《세계는 넓고 할 일은 많다》에서 스스로를 ‘돈 버는 데는 선수’라고 표현했다. 그는 우스갯소리로 “길거리에 돈이 깔려 있고, 나는 그저 그 돈을 긁어 오기만 하면 된다”고 말할 정도로 돈을 벌 수 있는 길을 잘 보는 사람이라고 자평했다. 한때 한국에서 가장 돈을 잘 버는 인물로 거론됐으니, 그의 말이 결코 과장이 아닌 셈이다.

그의 돈 버는 재주는 타고난 측면이 있다. 어렸을 때부터 그는 돈을 버는 데 남다른 재주가 있었다. 그러나 선천적인 능력만 가지고는 단돈 500만 원의 자본금으로 시작한 대우를 세계적인 그룹으로 성장시켜 천문학적인 규모의 돈을 벌어들이기에는 한계가 있다. 남들보다 독보적인 그의 돈 버는 능력은 선천적으로 타고난 것도 있지만, 그보다는 세계경제의 변화와 흐름을 꿰뚫어 보는 안목을 기르기 위해 부단히 노력하는 과정에서 얻은 후천적인 재능에 가깝다고 볼 수 있다. 그는 사업을 시작할 때부터 세계경제의 변화와 흐름을 읽을 줄 아는 눈이 있어야 제대로 기업을 이끌어갈 수 있다고 생각했다. 그래서 대우 초창기에는 그 안목을 갖기 위해 많은 돈을 들여 정보를 사고 세계적인 전문가들을 회사에 영입해 도움을 받았다. 그렇게 조금씩 안목을 기른 결과, 그는 다른 사람들이 보지 못하는 기회를 볼 수 있는 능력을 갖게 됐다. 쉽게 말해 돈을 벌 수 있는 길, 사업 성공의 기회를 찾아내는 데 도사가 된 것이다.

"처음에는 나도 세상을 보는 눈이 없었어요. 마치 눈 먼 봉사나 다름이 없었습니다. 세계경제를 볼 줄 모르니까 앞을 내다볼 수도 없고, 힘이 어디에서 어떻게 작용하는지 알 수가 없었어요. 그래서 처음에는 돈을 주고 정보를 샀습니다. 나중에는 세계경제를 꿰뚫어 보는 뛰어난 전문가들을 고문으로 영입해 얘기를 듣고 배워나갔지요. 그리고 얘기를 듣는 것에만 그치지 않고 직접 현장에 가서 눈으로 확인하면서 실력과 안목을 쌓았습니다. 그렇게 하다 보니 어느 순간 남들이 보지 못하는 기회를 볼 수 있게 됐어요. 내가 1년 중 3분의 2를 해외에서 보내는 이유도 다 여기에 있습니다."

부단한 노력으로 세계경제의 변화와 흐름을 꿰뚫어 보는 월등한 안목을 갖게 된 김우중 회장. 이런 그가 지금 동남아시아를 세계 어느 곳보다 시장가치가 큰 신흥시장으로 주목하고 있다. 특히 한국경제와 우리 젊은이들에게 가장 밝은 미래를 선사할 더없이 좋은 기회의 땅으로 보고 있다. 그래서 그는 주저 없이 GYBM이라는 씨앗을 다른 대륙이 아닌 동남아 국가에 차근차근 심어나가고 있는 것이다. 우리 젊은이들이 이 거대 시장에 드넓게 포진해 활발하게 비즈니스를 펼치는 모습을 상상하면서 말이다.

이 상상이 현실로 이루어졌을 때 우리 젊은이들은 물론 우리 기업, 우리나라의 미래가 얼마나 밝아질지 너무도 잘 알기에 그는 GYBM에 혼신의 힘을 다했다. 어렵고 힘들더라도 자신과 대우인들이 GYBM을 위해 노력할수록 그 결실은 커지리라 믿어 의심치 않았고, 그 믿음대로 해를 거듭할수록 점점 큰 성과를 내고 있다. 그러니 그 누구보다 간절하게 한국경제와 우리 젊은이들의 미래가 밝아지기를 바라는 한 사람으로서 GYBM의 거침없는 질주에 어찌 아낌없는 박수와 응원을 보내지 않을 수 있겠는가.

05 ─ 먼저 치고 들어가 선점효과를 누려라

포스트 베트남, 미얀마

김우중 회장은 동남아시아를 성장 잠재력이 무한한 시장이라고 보고 한 치의 망설임도 없이 이곳을 GYBM의 활동 근거지로 삼았다. 그리고 모든 역량을 총동원해 활발하게 사업을 전개해나갔다. 그 결과 현재 베트남(2011년), 미얀마(2014년), 인도네시아(2015년), 태국(2016년)에서 GYBM 프로그램이 진행 중이며, 장차 필리핀으로도 확대할 예정이다.

그는 앞으로 진행할 필리핀을 포함해 베트남, 미얀마, 인도네시아, 태국 이 동남아 5개국을 통해 100만 명의 글로벌 인재를 양성하겠다는 원대한 꿈을 꾸고 있었다. 앞서 그가 말했듯이, 우리 젊은이들이 성공 사례를 만들어 GYBM이 주변의 인정을 받게 되면 이 5개국에서 1만 명에 이르는 글로벌 인재를 키울 수 있다. 이들이 성공해서 우리 청년들을 10명씩만 데려다 쓰면 10만 명이 되고, 또 이들이 성공해서 우리 청년들을 10명씩 데리고 나오면 그리 멀지 않은 미래에 약 100만 명의 글로벌 인재를 양성할 수 있다고 보았다. 오랜 시간 그와 같이 100만 글로벌 인재 양성의 꿈을 꾸던 한 사람으로서 그의 확신에 찬 목소리는 나에게 한국 경제의 미래에 대한 기대와 희망을 품게 하기에 충분했다. 그런데 문득 왜 그가 베트남에 이어 GYBM의 두 번째 운영지로 미얀마를 선택했는지 궁금해졌다. 미얀마는 다른 동남아 국가들에 비해 국제사회에서 덜 각광받는 시장이었기 때문이다.

그가 세계의 화려한 스포트라이트를 받고 있는 다른 동남아 국가들을 뒤로하고 미얀마를 GYBM의 두 번째 운영지로 선택한 데는 여러 가지 이유가 있었다. 우선 미얀마가 시장의 성장 잠재력을 보여주는 다양한 지표를 충족시켰기 때문이다. 미얀마는 인구가 약 6,000만 명에 이를 정도로 노동력이 풍부한 데다 문맹률이 3~4퍼센트에 불과하고 기술력과 국민성이 우수해 그 인적자원의 질이 좋다. 뿐만 아니라 베트남처럼 30세 미만의 젊은 층 인구비율이 높고, 태국의 6분의 1 수준에 불과할 정도로 평균 임금이

낮다. 저렴한 비용으로 질적으로 우수한 젊은 노동력을 어렵지 않게 확보할 수 있는 곳이 미얀마인 것이다.

땅덩이도 크다. 미얀마는 동남아에서 인도네시아(약 190만 제곱킬로미터)에 이어 두 번째로 큰 나라로, 국토 면적이 33만 제곱킬로미터인 베트남보다 두 배 가까이(약 67만 제곱킬로미터) 크다. 게다가 이 드넓은 땅에 석유, 가스, 유연탄, 구리, 니켈, 우라늄, 철, 납, 보석 등 인류가 필요로 하는 거의 모든 천연자원이 풍부하게 매장돼 있다. '천연자원의 보고'라고까지 거론될 정도이니, 미얀마가 얼마나 천연자원을 많이 보유한 국가인지 짐작할 수 있을 것이다. 또한 인도, 방글라데시, 중국, 태국 등과 국경이 맞닿아 있어 지정학적 조건도 유리하다. 이런 이유로 김우중 회장은 베트남, 인도네시아와 함께 앞으로 50년간 매우 빠르게 성장할 동남아 국가 중 하나로 미얀마를 꼽았다. 실제로 국제사회에서도 미얀마를 성장 잠재력이 큰 신흥시장으로 평가하며 지대한 관심을 보이고 있으니, 그의 탁월한 안목에 감탄하지 않을 수 없다. 그런데 이상한 점은 성장 잠재력이 무한한 시장임에도 불구하고 다른 동남아 국가에 비해 미얀마에 대한 외국인의 투자 규모가 작다는 것이다. 그 이유에는 여러 가지가 있는데, 가장 결정적인 요인은 '정치적 혼란'이다.

1962년 군부 쿠데타로 굳게 닫혔던 미얀마는 최근 미국과 유럽의 경제제재 완화와 53년 만에 정권교체에 성공한 문민정부가 개혁·개방 정책을 추진하면서 변화의 바람이 불고 있다. 그러나 여전히 막강한 군부의 영향력, 일부 소수민족의 끊임없는 독립 요구 등 정치적 불안요소가 존재한다. 때문에 성장 잠재력이 큰 시장임에도 외국인 투자자들이 조심스러운 입장을 취하고 있는 상황이다. 그러나 단 1퍼센트의 가능성만 있어도 도전을 주저하지 않는 김우중 회장에게 미얀마의 정치적 불안은 크게 문제되지 않았다. 리스크가 따르기는 하지만 불안한 정치구조로 국제사회가 투자를 주저하는 상황을 되레 긍정적으로 평가했다. 외국인 투자자들이 진출을 주저한다는 것은 곧 경쟁자가 적다는 의미이기 때문이다. 그는 조금만 시각을 달리하면 미얀마만큼 우리에게 매력적인 시장은 없다고 보았다. 즉, 선점효과를 누리기 위해 정치적 불안요소가 있음에도 불구하고 미얀마에 발 빠르게 들어간 것이었다.

"다른 경쟁자들보다 먼저 진출해야 성공할 가능성이 높아요. 대우도 항상 신흥시장에 가장 먼저 들어갔어요. 미얀마는 시장 개방을 시작한 지 얼마 되지 않은 나라이기 때문에 우리에게 묘미가 있는 시장이에요."

베트남이 글로벌 생산거점, 수출 전진기지로서의 가치를 잃었을 때 미얀마가 그 대안이 될 가능성이 높은 시장이라는 점도 그가 미얀마를 GYBM의 두 번째 운영지로 선택한 이유 중 하나였다.

"미얀마는 아직 쉽지 않은 지역이에요. 그러나 미국의 제재가 완화되면서 하나씩 준비해가고 있으니 발전 속도도 빠르고 가능성도 매우 크다고 봅니다. 아직은 베트남과 비교했을 때 한국 기업들의 진출이 미미한 게 현실이지만, 성장에 탄력을 받으면 앞으로 많은 기회가 있을 것입니다. 중국 다음에 베트남, 그다음은 미얀마가 시장으로서 가치가 있어요. 베트남의 인건비가 상승하게 되면 다음에 갈 시장은 미얀마거든요. 그래서 포스트 베트남에 대비해 미얀마에서도 GYBM을 시작했어요. 나는 이들 미얀마 전문 인재들이 현지에 진출했거나 앞으로 진출할 한국 기업에 큰 힘이 될 것이라고 봅니다."

선점이 최고의 경쟁력이다

김우중 회장이 미얀마에서 펼치고 있는 선점전략은 대우가 신흥시장을 공략할 때 빼놓지 않고 사용하던 핵심전략이었다. 진출

시기가 크게 문제되지 않는 선진국 시장과 달리 신흥국 시장은 가장 먼저 진출하는 것이 무엇보다 중요하기 때문이다. 즉, 그가 생각하기에 신흥시장에서의 선점은 사업의 성패를 좌우할 정도로 가장 큰 경쟁력이었다. 왜 그럴까?《김우중과의 대화》에 실린 그의 이야기를 통해 그 이유를 살펴보자.

"신흥국에서는 먼저 진출해서 소비자들에게 브랜드를 심어주는 것이 중요해요. 브랜드는 한번 심으면 그 파워가 오래 유지돼요. 우리가 전자나 자동차에서 삼성과 현대보다 늦게 시작했지만 신흥국에는 먼저 진출해서 브랜드를 인정받은 경우가 많아요. 일본 기업들과 비교해도 브랜드 파워에서 밀리지 않는 곳들이 많아요. 이게 다 선점하니까 나타나는 효과이지요. 그런데 선진국 시장은 신흥국 시장과 달라요. 거기는 사업이나 마케팅 시스템이 이미 되어 있으니까 언제든지 들어갈 수 있어요. 먼저 들어가든 늦게 들어가든 시스템대로만 하면 되니까요. (중략) 선점이 별로 큰 의미가 없는 것이지요."

-《김우중과의 대화》

실제로 그룹이 해체된 지 16년이 넘었지만 동남아시아, 동유럽, 중앙아시아와 같은 신흥시장에서 대우의 브랜드 파워는 여전히 막강하다. 특히 베트남에서는 대우를 국민 브랜드로 인정할 정도로 경쟁력이 높다. 대우 브랜드가 지금도 신흥시장에서 강력한 영향력을 행사할 수 있는 것은 그 누구보다 먼저 들어가 현지인들에게 기업 브랜드를 심어주었기 때문이다. 베트남의 경우도 대우가 세계 어느 기업보다 발 빠르게 진출해 가장 적극적으로 투자활동을 펼쳤기 때문에 그 파워가 오랫동안 지속되고 있는 것이다. 따라서 김우중 회장은 한국 기업처럼 신흥국 출신 기업들이 막강한 자본력과 기술력을 갖춘 선진국 기업들과 신흥시장 경쟁에서 우위를 확보하려면 선진국 기업들의 진출이 활발하지 않은 국가를 선택해 먼저 치고 들어가야 한다고 강조했다.

신흥시장에서는 선진국 기업들과 신흥국 출신 기업들 중에 누가 더 잘하는지 구분이 불분명하고, 누가 더 우위에 있는지도 잘 알지 못한다. 때문에 그 나라 국민들의 요구에 부합하는 제품만 빨리 시장에 내놓으면 얼마든지 고객층을 확보할 수 있고, 브랜드 파워에서도 결코 밀리지 않는다는 것이다. 실제로 신흥국 출신 기업이었던 대우는 신흥시장에서 적극적으로 선점전략을 펼쳐 선진국 기업과의 경쟁에서 독보적인 성과를 냈다. 또한 신흥국 출신 다국적 기업 중에 세계에서 해외 자산을 가장 많이 보유한 기업으로 도약했다. 뿐만 아니라 아직까지도 그 선점효과가 지속되고 있으니, 하루라도 빨리 더 많은 한국 기업들이 동남아시아에 진출해야 한다고 거듭 강조하는 김우중 회장의 심정을 어느 정도 짐작할 수 있었다. 본인이 온몸으로 신흥국 시장에서 선점이 가져오는 어마어마한 파급력을 경험했기에 강조하고 또 강조해도 지나침이 없다는 마음으로 한국 기업들의 동남아 진출을 촉구했던 것이다.

그런데 신흥국 시장에서의 선점전략이 비단 기업에만 주효할까? 아니다. 사람에게도 주효하다. 신흥국 시장은 경쟁자들이 적은 데다 빠른 속도로 경제성장이 이루어지는 만큼 누구보다 발빠르게 진출해 비즈니스를 펼치면 더 크고 많은 발전 기회를 얻을 수 있다.

그러니 대한민국의 청년들이여, 밝은 미래를 꿈꾼다면 어마어마한 발전과 성장 가능성을 선사할 무한한 기회의 땅인 동남아시아로 나가라. 그리고 가급적이면 빨리 나가는 것이 좋다. 아직 이 시장에 도전하는 사람들이 많지 않기 때문에 지금 진출하면 괄목할 만한 성과를 이룰 수 있다. 너도나도 뛰어들 때 나가면 경쟁이 치열해서 힘도 많이 들고 성공할 가능성도 그만큼 낮아진다. 아직 경쟁이 미약할 때 진출해야 다른 경쟁자가 나타날까 봐 노심초사하지 않고 큰 성공의 기회를 잡을 수 있다.

잊지 마라. 우리의 경쟁자들은 세계 곳곳에 널려 있고, 그들은 눈치가 매우 빠르다. 순식간에 우리에게 기회의 땅인 동남아시아를 성공을 낙관하기 힘든 출혈경쟁 시장으로 전락시킬 수 있다. 그러니 아직 여유가 있기는 하지만 눈치 빠른 경쟁자들이 몰려들기 선에 하루빨리 농냐에 진출해 이 시장이 이점을 마음껏 누리길 바란다. 망설이면 늦는다. 선점효과를 누리느냐 마느냐에 따라 그 결실이 크게 달라질 정도로 선점은 그 무엇보다 최고의 경쟁력이 될 수 있다. 특히 신흥시장에서는 말이다.

06 ── 도전하는 자에게만
세계는 넓고
할 일은 많다

도전 DNA로 무장한 비즈니스 전사들

나는 GYBM과의 인연을 계기로 과거 김우중 회장과 함께 세계 시장 개척에 나섰던 많은 대우인들을 만났다. 그 과정 속에서 이들과 깊은 대화를 나눴다. 이들이 기억하는 대우 시절은 생애 두 번 다시 오지 않을 가장 빛나는 시간이자 한시도 마음 편할 날이 없던 힘든 시간이었다. 자신들을 이끄는 수장인 김우중 회장이 새로운 일을 벌이기를 너무 좋아했기 때문이다. 그것도 늘 아직 아무도 가지 않은 미개척 해외시장에서 남들이 하지 않은 일을 벌이기를 좋아했다. 그 때문에 직원들은 느닷없이 떨어지는 김우중 회장의 지시에 따라 세계 이곳저곳을 누비며 불모지나 다름없는 새로운 시장을 개척해나가야 했다. 그래서 늘 가정은 뒷전이었고, 남편이 나라 밖으로 떠돌다 보니 가족들 또한 본의 아니게 타국에서 오랜 시간을 보내야 했다. 게다가 김우중 회장이 항상 남들이 가지 않는 오지에서 일을 벌였기 때문에 그 고생이 이만저만이 아니었다. 그럼에도 불구하고 대우의 직원들이 회사를 떠나지 않고 군말 없이 김우중 회장을 따라 지구촌 오지를 다녔던 이유는 무엇일까? 회사를 그만두면 당장 먹고살 일이 막막하기도 했지만 이들 역시 김우중 회장 못지않게 새로운 것에 도전하고 불가능을 가능으로 만드는 일에 더없는 희열과 보람을 느끼는 '도전 DNA'를 가진 사람들이었기 때문이다. 개중에는 김우중 회장이 두 손 두 발 다 들 정도로 도전정신이 강한 직원도 있었다.

김우중 회장은 대우그룹을 이끌 때 일정 금액까지는 직원들 스스로 일을 추진할 수 있는 권한을 주었다. 1인 기업처럼 그 누구의 제재도 받지 않고 자유롭게 사업을 할 수 있는 자율권을 부여한 것이다. 대우는 주로 국경 밖에서 비즈니스를 펼치던 그룹인 만큼 해외에서 예상치 못한 일이 발생했을 때 빠른 대처가 필요했다. 지금이야 세상이 좋아져 영상 통화를 통해 얼마든지 실시간으로 회의할 수 있지만 당시에는 그게 불가능했다. 때문에 해외 현지에서 갑자기 변수가 발생했을 때 한국 본사와 신속하게 상의하기가 어려웠다. 더구나 대우는 주요 활동 무대가 각종 인프라가 잘 구축된 선진국이 아니라 불안정한 신흥국이었기 때문에 예상치 못한 일들이 빈번하게 일어났다. 따라서 대우는 국내 어느 기업보다 해외 현지에서 신속하고 원활하게 일을 추진하기 위해 현지 담당 직원이 소신껏 사업을 진행할 수 있는 재량권이 더더욱 필요했다. 이에 김우중 회장은 직위가 낮은 직원들에게까지 파격에 가까울 정도로 많은 재량권을 주었다. 개중에는 김우중 회장에게 보고도 없이 주어진 권한을 넘어서 일을 추진하는 직원들도 있었다. 이런 직원들에게 김우중 회장은 어떻게 했을까? 보통 회사의 오너 같으면 결코 용납하지 않고 그에 상응하는 책임을 물었을 것이다. 그러나 김우중 회장은 자신에게 보고도 없이 일을 진행한 것에 야단을 치기는 했지만 그 책임을 묻지는 않았다. 수동적으로 주어진 일만 하는 직원보다 자신감 있게 일을 벌일 줄 아는 도전정신을 가진 직원을 좋아했기 때문이다.

카지노에 빠진 직원들의 빚을 대신 갚아준 일화는 그가 얼마나 도전적인 직원들을 좋아하는지 극명하게 보여주는 사례다. 과거 그는 직원들의 노름빚을 갚아주기도 했는데, 그 이유가 좀 특별했다. 도박을 하는 게 결코 옳은 일은 아니지만 그게 무엇이든 어느 하나에 미쳐 도전하는 사람은 자신이 절실하게 원하거나 하고 싶은 일이 생기면 모든 것을 내던져 잘할 수 있을 것이라고 생각했기 때문이다. 즉, 그는 '노미'이리는 행위에 초점을 맞춘 것이 아니라 돈을 딸 확률이 희박한데도 그 작은 가능성에 희망을 거는 태도에 주목했던 것이다. 그는 도전정신을 가진 사람이 큰일을 해낼 수 있다고 믿었다. 때문에 리스크가 있더라도 도전적인 자세를 가진 직원들에게 더 큰일을 믿고 맡겼다. 물론 그도 사람인지라 일이 잘못될 경우를 전혀 염려하지 않은 것은 아니었다. 그러나 실패할 징후가 보이면 서로 상의해서 극복할 길을 찾으면 되고, 당장은 실패한 것처럼 보여도 그것이 다른 분야에서 성공의 밑거름이 되기도 한다. 때문에 그는 자신감을 가지고 도전을 멈추지 않는 직원들을 특별히 아꼈다.

이처럼 도전정신을 높이 사고 응원과 지원을 아끼지 않는 김우중 회장의 모습은 대우인들의 도전 DNA를 더욱 강화시켰다. 그렇게 도전정신으로 단단하게 무장한 대우인들은 먼 옛날 전광석화처럼 동서양을 장악해 세계 역사상 전무후무한 거대 제국을 건설했던 몽고군처럼 자신들의 칸Khan(군주)인 김우중 회장을 따라 국경 밖으로 나갔다. 그리고 온갖 고난과 역경을 극복하고 거침없이 새로운 경제영토를 개척해나갔다. 이에 힘입어 대우는 창립한 지 불과 30여 년 만에 한국 재계 순위 2위, 신흥국 출신 세계 최대 다국적 기업으로 성장하는 기적을 이루었다. 김우중 회장과 대우인들은 그야말로 도전의 힘이 얼마나 강력한지 보여주는 산 증인이라 할 수 있다.

가지 않은 길을 가고 하지 않은 일을 하라

멈추지 않는 도전을 통해 '대우신화'라는 기적적인 성취를 이룬 김우중 회장. 세계 곳곳을 누비며 드넓은 경제영토를 개척했던 잔뼈 굵은 베테랑 사업가인 그가 지금 주목하고 있는 시장이 바로 동남아시아다. 그리고 그곳에서 GYBM이라는 이름으로 한국의 청년들을 키워, 현지에 뿌리내리고 진취적으로 비즈니스를 펼칠 수 있도록 물심양면 돕고 있다. 우리는 왜 그가 이곳을 주목하는지, 왜 이곳에서 생애 마지막 도전이 될 수 있는 GYBM 사업을 활발하게 전개하는지 그 이유를 진지하게 생각해볼 필요가 있다. 타고난 사업가인 그가 아무런 이유 없이 이곳을 눈여겨보고 새로운 도전을 펼칠 적지로 선택했을 리 없지 않은가. 그의 눈에는 동남아시아가 세계 어느 곳보다 성장 잠재력이 큰 시장이었고, 특히 우리에게 가장 큰 발전 기회와 가능성을 선사할 황금의 땅이었다. 때문에 이곳에 지대한 관심을 갖고 새로운 도전을 펼칠 장소로 낙점한 것이다. 100퍼센트 장담할 수는 없지만, 그의 말대로 한국의 젊은이들이 적극적으로 동남아시아에 진출해 열심히 노력힌디면 세세 어느 시장보다 큰 성공의 기회를 잡을 수 있으리라 본다.

그러니 대한민국의 청년들이여, 자신감과 용기를 갖고 김우중 회장이 주목하는 동남아시아에 진출해 자신 안에 잠들어 있는 잠재력과 가능성을 마음껏 발산하라. 국경 밖으로 나가 미지의 땅에 새로 길을 만들고 아무도 해내지 못한 일을 시도하는 것은 매우 어렵고 힘든 일이다. 하지만 과거 김우중 회장과 대우인들이 온몸으로 증명했듯이 그 길에 더 큰 성장과 발전의 기회가 있다.

세상사가 그렇듯 더 크고 많은 것을 얻으려면 그에 상응하는 희생과 고통이 따르는 법이다. 그러므로 어렵고 힘들더라도 아직 아무도 가지 않은 길을 가고, 아무도 해내지 못한 일을 시도하는 용기 있는 도전자에게만 세계는 무한한 발전 기회와 가능성을 제공하는 터전이 된다. 김우중 회장의 영원한 화두인 '세계는 넓고 할 일은 많다'는 어떤 어려움이 있더라도 도전하여 새로운 길을 개척하고, 아무도 해내지 못한 일을 추구하는 사람에게만 관계되는 이야기다. 늘 가던 길만 가려 하고, 익숙한 일만 하려는 사람에게는 해당되지 않는다. 이런 사람들의 세계는 자신이 알고 있는 길만큼 비좁고, 자신에게 익숙한 것 말고는 할 일이 없기 때문이다.

지금 당신의 세계는 넓은가, 좁은가? 지금 당신에게는 할 일이 많은가, 적은가? 만약 당신의 세계가 좁고 할 일이 없다면 현실에 안주하고 도전을 회피하는 사람일 가능성이 높다. 이런 사람에게는 대한민국이 아니라 세계 그 어느 곳에 있든 언제나 세계는 좁고 할 일이 없다. 가장 중요한 것은 도전정신이 있느냐 없느냐이지, 내가 발 딛고 있는 곳이 어디냐가 아니다. 특히 국토도 좁고 천연자원도 부족해 필연적으로 국경 밖에서 살길을 찾아야 하는 대한민국에 태어난 우리 청년들은 도전정신으로 무장하고 과감하게 세계로 뻗어나가야 한다.

그렇다고 무작정 나가라는 말이 아니다. 경쟁력 있는 글로벌 인재가 되기 위한 준비와 노력을 해야 한다. 아무리 국경 밖에 더 큰 발전 기회와 가능성이 있다지만 덮어놓고 나가면 세상 어디도 내게 황금의 땅이 될 수 없다. 세계 어느 민족의 젊은이들과 비교해도 뒤처지지 않는 강력한 경쟁력을 갖추고 세계무대로 나가야 그곳이 내게 밝은 미래를 선사할 파라다이스가 된다. 이러한 점에서 김우중 회장과 대우인들이 운영하는 GYBM은 더없이 좋은 본보기가 될 것이다. 내가 직접 탐방한 GYBM은 우리 젊은이들 안에 잠들어 있는 잠재력과 가능성을 발견, 발산할 수 있도록 이끌며 뛰어난 글로벌 인재가 되는 데 필요한 교육을 전방위로 실시하고 있었다. 따라서 GYBM을 하나의 좌표로 삼아 자신감과 도전정신을 가지고 혼신의 노력을 다한다면 누구든 기회를 잡을 수 있으리라 확신한다. 누누이 얘기했듯 대한민국의 젊은이들은 그만큼 훌륭하니까 말이다.

PART 3

경쟁력 있는
글로벌 인재가
되는 길

01 — 더 큰 도전으로 이끄는 자신감을 키워라

임용고시를 포기하고 더 큰 기회의 땅으로

"도착했습니다. 내리시죠."

차창 밖으로 스치는 베트남의 이국적인 풍경을 바라보며 이런 저런 상념에 빠져 있는 사이, 우리를 태운 자동차는 GYBM 졸업 생들이 미래를 위해 구슬땀을 흘리는 한 회사 앞에 도착해 있었 다. 시계를 보니 오전 10시였다. 호텔에서 8시에 출발했으니 하노이에서 차로 꼬박 두 시간을 달려야 하는 곳에 위치해 있었다. 회사의 이름은 '캡스텍스비나(구舊 피에스 텔렉스)'. 캠핑 필수품인

텐트 제작에 필요한 타폴린tarpaulin(물이 스며들거나 새는 것을 막는 방수포)을 생산하는 곳으로, 베트남에 진출한 한국 기업 중 하나였다.

이 회사에는 GYBM 베트남 1기 졸업생이 중간 관리자로 일하고 있었다. GYBM의 시작을 함께했고, 가장 오랫동안 베트남에서 일하고 있는 사람이었다. 나는 이 졸업생에게 많은 이야기를 들을 수 있으리라 기대했다. 부푼 마음을 안고 이번 GYBM 탐방을 함께할 동행자이자 안내자인 이덕모 부원장을 따라 회사 안으로 들어섰다. 그러자 환한 미소를 지으며 젊은 한국 여성이 우리에게 다가왔다. 이 회사에 근무하고 있는 GYBM 1기생 김나라 씨였다.

나는 그녀를 보고 다소 당황했다. 텐트 원자재를 만드는 회사의 관리자인 만큼 졸업생이 남성일 거라고 지레짐작하고 있었기 때문이다. 남성이 하기도 힘든 일을 여성이, 그것도 작은 체구로 해내고 있다는 것이 그저 놀랍고 감탄스러웠다. 그러나 그녀와 얘기를 나누면서 그것이 결코 놀랄 일이 아니라는 것을 절감했다. 그녀는 성별을 따지는 것이 무의미할 정도로 어떤 일도 해낼 수 있는 충분한 자질과 에너지를 가지고 있었다. 그녀는 그동안 베트남에서 번 돈을 밑천으로 고향인 제주도에 작은 상가를 구입했을 만큼 당찬 청춘이었다.

"회사에서 기숙사는 물론 식사까지 제공해서 월급을 계속 저축할 수 있었어요. 그래서 그 돈으로 제주도에 상가를 구입했죠. 보통 20~30대에 경제적인 문제로 고민하는데 저는 이곳에서 일하면서 그런 고민을 잊게 됐어요. 말 그대로 돈 쌓이는 재미를 느끼고 있어요."

한국에서 회사를 다니는 젊은이들보다 월급은 적지만 저렴한 물가 등으로 저축할 여지가 많아 베트남이 한국 청년들에게 기회의 땅이라는 김우중 회장의 말이 떠오르는 순간이었다.

물론 그녀는 다소 특별한 케이스였다. GYBM 졸업생 중에 그녀처럼 월급을 모아 부동산을 구입한 이들은 많지 않았다. 그러나 분명한 것은 김우중 회장의 말대로 베트남이 돈을 모으기 좋은 곳이라는 점이었다. 물가도 싼 데다 지금은 많이 떨어지기는 했지만 한때 예금 금리가 최고 20퍼센트를 넘었을 정도로 베트남은 저축을 통해 목돈을 마련하기가 유리한 곳이었다.

김나라 씨는 내게 GYBM이 어떤 젊은이를 선호하는지 단적으로 보여주는 인물이었다. 한국에서 그녀는 사회가 선망하는 명문대학을 나오지도 못했고, 남들보다 월등하게 화려한 스펙의 소유자도 아니었다. 하지만 미래에 대한 포부와 도전정신, 원하는 목표를 이루고야 말겠다는 근성과 의지만큼은 그 누구에게도 뒤지지 않았다. GYBM은 출신 대학이나 스펙보다는 미래에 대한 꿈과 포부를 가지고 어떤 도전도 마다하지 않는 진취적인 기상의 젊은이를 선호한다. 김나라 씨는 이러한 GYBM의 연수생 선발 기준에 정확하게 부합하는 인물이었다.

GYBM이 추구하는 인재상과 일치하는 그녀의 정신석 자산은 부모님에게 물려받은 것이라고 해도 과언이 아니다. 제주도에서 경제적으로 그렇게 부유하지도, 그렇다고 그리 가난하지도 않은 평범한 가정에서 자란 그녀는 어렸을 때부터 유달리 활발하고 적극적이었다. 그러다 보니 학교에서 늘 유별난 학생으로 주목을 받았다. 그 모습을 보며 딸의 성향이 한국의 교육 환경에 맞지 않다고 판단한 부모님은 홀로 조기 유학을 보내기로 결심했다.

그녀의 부모님이 어린 딸, 그것도 홀로 머나먼 타국으로 유학을 보내기로 마음먹은 결정적인 이유는 세상을 보는 시야를 넓혀주기 위함이었다.

"부모님은 제주도라는 지형적 특성 때문에 혹시나 당신의 자식들이 세상을 보는 시야가 좁아지지는 않을까 고민을 많이 하셨다고 해요. 그래서 어려운 여건 속에서도 저와 남동생을 유학 보내셨어요. 요즘 많은 부모들이 '헬리콥터 부모', '잔디 깎기 부모'라는 신조어가 생길 만큼 자식을 위해 모든 편의를 봐주는데, 그러고 보면 우리 부모님은 자식을 모셔 키우지 않고 거친 세상과 직접 부딪치게 하셨던 것 같아요."

어느 날 갑자기 부모님에게 유학을 권유받은 김나라 씨. 낯선 타국으로, 그것도 홀로 떠나는 유학이었기 때문에 처음에 그녀는 부모님의 권유를 쉽게 받아들일 수 없었다. 미지의 세계로 나가고 싶은 마음이 없지는 않았지만 그만큼 두려움도 컸기 때문이다. 그러나 시간이 지날수록 유학을 가고 싶은 마음이 점점 커졌고, 그럴수록 막연하지만 잘할 수 있을 것 같은 자신감이 생겼다. 결국 그녀는 유학을 가기로 결정했고, 설레는 마음으로 오스트리아행 비행기에 몸을 실었다. 그러나 유학생활은 결코 녹록지 않았다. 만 14세라는 어린 나이에, 그것도 부모 없이 혼자 오스트리아에서 생활하게 된 그녀는 늘 부모님이 그립고 한국이 그리웠다. 더구나 당시에는 한국에서 유럽으로 조기 유학을 보내는 경우가 많지 않았기 때문에 그녀가 다니던 오스트리아의 학교에서 동양인은 오직 그녀 하나뿐이었다. 문화도 다르고, 말도 통하지 않고, 음식도 맞지 않고, 누구 하나 의지할 사람 없는 타국에서 어린 그녀는 혼자 감당하기에 벅찬 정신적인 고통을 느꼈다. 특히 부모님에 대한 그리움은 그녀를 가장 힘들게 했다. 한창 부모님의 사랑과 손길이 필요한 나이에 머나먼 타국에 동떨어져 있었으니, 그 그리움이 얼마나 컸겠는가. 어느 날 그녀는 그 마음을 도저히 참기 어려워 부모님께 전화를 걸었다. 그러나 부모님의 반응은 냉담했다.

"하루는 너무 힘들어서 부모님께 울면서 전화를 했어요. 그랬더니 하시는 말씀이 '돈 벌면서 학교에 다니는 학생들도 있다. 너는 책상에 앉아서 공부만 하면 되는데 그게 뭐가 힘드니? 앞으로 험한 세상 어떻게 살래? 네가 선택한 유학이고, 그 선택에 책임질 줄 아는 사람이 됐으면 한다. 더 이상 듣기 싫으니 전화 끊는다'라면서 그냥 단번에 끊어버리시더라고요. 그때 얼마나 속상하던지……. 정말 부모님이 야속했어요. 자식이 먼 타국에서 힘들다고 전화했는데 그토록 매정하게 대하실 줄은 몰랐거든요."

그녀는 전화를 끊고 속상한 마음에 그 자리에서 대성통곡을 했다. 그렇게 얼마나 울었을까? 문득 어떤 생각이 들었다고 한다.

"그날 부모님과 통화 후에 이런 마음이 들더라고요. '어차피 힘들어서 전화해도 받아주는 사람도 없는데 내가 다 헤쳐 나가야겠다. 울면 배만 고프니까 슬플 때는 공부나 더 하자.' 어렸을 때부터 부모님에게 이렇게 호된 트레이닝을 받은 덕분에 개발도상국인 베트남에서 여자 혼자 당당하게 살 수 있는 게 아닌가 싶어요."

귀한 자식일수록 강하고 엄하게 키우라더니, 결과적으로 당시 그녀가 매정하다고 느꼈던 부모님의 행동이 그녀에게 어떤 어려움 속에서도 스스로 설 수 있는 힘을 길러준 것이다. 그녀의 부모라고 머나먼 타국에서 힘들어하는 어린 딸이 왜 안쓰럽지 않았겠는가. 그러나 힘들어할 때마다 손을 내미는 것은 결코 자식을 위한 일이 아니라고 생각했기 때문에 마음이 아파도 멀리서 스스로 성장하는 모습을 지켜보았던 것이다.

그렇게 우여곡절 끝에 유학생활을 마친 그녀는 한국으로 다시 돌아와 제주대학교 사범대학 영어교육과에 입학했다. 그런데 졸업이 다가올수록 그녀는 여느 대학생들과 마찬가지로 진로에 대한 고민이 깊어졌다. 원래 그녀는 대학 졸업 후 학원 강사를 하거나 임용고시를 볼 생각이었다. 그런데 너무 막막했다. 특히 임용고시를 볼 생각을 하니 더욱 암담했다.

"제가 진득하게 책상에 앉아 공부하는 데 즐거움을 느끼는 사람도 아니고, 열심히 한다고 시험에 붙는다는 보장도 없고……. 정말 막막했죠. 그래도 어쨌든 임용고시를 봤어요. 그런데 시험을 보고 집에 오니 이건 아니다 싶더라고요. 그래서 부모님에게 두 번 다시 임용고시를 보지 않겠다고 말씀드렸어요. 취직해서 제 분야를 찾겠다고⋯⋯."

그런데 부모님의 반응이 의외였다. 실망은커녕 그녀의 선택을 흔쾌히 받아들였다. 오히려 합격할 가능성이 희박한 임용고시에 매달리지 않고 빨리 포기한 그녀의 결정을 대견스럽게 생각했다. 이후 그녀는 자신의 전공과목을 살려 학원 영어강사가 되기 위해 관련 공부를 시작했다. 그러던 중, 우연히 GYBM 연수생 모집 광고를 본 어머니에게 지원 권유를 받았다. 그녀는 잠시 고민했지만 좋은 기회라고 생각하고 GYBM에 지원했다.

"베트남이라는 나라가 여자 혼자 와서 직장생활을 하든 사업을 하든 쉬운 곳이 아니라는 것을 잘 알고 있었습니다. 정치체제, 사회 환경⋯⋯ 모든 것이 낯설기 때문에 쉽지 않았어요. 그래서 처음에는 솔직히 머리가 복잡했죠. 하지만 쉽지 않기 때문에 가야만 한다고 생각했어요. 지금 가야만 저한테 기회가 올 것 같았거든요."

한국에서 전공을 살려 학원 강사가 될 수도 있었지만 결국 그녀는 더 큰 발전과 성장의 기회를 잡기 위해 GYBM을 선택한 것이다.

"어렸을 때부터 외국에서 지낸 경험, 사범대를 나와도 보장되지 않는 미래, 큰 성장의 가능성을 기대하기에는 이미 인프라가 구축된 한국 사회…… 이러한 환경적인 요인들이 GYBM에 지원하게 된 가장 큰 계기라고 볼 수 있어요. 한마디로 그때 제가 GYBM에 지원한 결정적인 이유는 더 큰 기회를 잡기 위해서였다고 할 수 있죠."

우리는 도전자가 필요하다

더 큰 성공 기회를 잡기 위해 GYBM에 도전한 김나라 씨는 한 가지 마음에 걸리는 것이 있었다. 여느 곳처럼 이곳에서도 스펙을 중시하지 않을까, 하는 점이었다. 모집 공고에 '적극적이고 열의가 있으며 해외에서 취업해 장기간 일할 의사가 확실한 사람'을 우선 선발한다는 신청 자격이 언급되기는 했지만, 정말 그 말대로 연수생을 선발할지 의구심이 들었다. 스펙은 보지 않는다고 해놓고 그것을 당락의 기준으로 삼는 회사에 대한 이야기를 주변에서 수없이 들었기 때문이다. 그러나 그 우려는 금세 사라졌다. 여러 단계에 걸친 선발 시험을 보면서 GYBM이 스펙보다는 미래에 대한 꿈과 포부를 가지고 있는지, 도전정신을 가지고 있는지, 어떤 역경 속에서도 도전을 완수하겠다는 근성과 의지가 있는지를 중시한다는 것을 알 수 있었기 때문이다. 특히 도진직인 자세와 의지를 무엇보다 중요하게 생각한다는 것을 느꼈다. 단계마다 선발 방식이 달랐지만 공통적으로 지원자가 도전적이고 진취적인 마인드와 의지를 가진 사람인지 묻고 있었기 때문이다. 그러다 보니 GYBM이 원하는 인재상에 부합한 김나라 씨는 어렵지 않게 연수생이 될 수 있었다.

그녀와 함께 선발된 다른 연수생들도 스펙보다는 미래에 대한 꿈과 포부가 크고 도전의식과 근성이 남다른 젊은이들이었다. 그렇다고 김나라 씨를 비롯해 GYBM 연수생들의 스펙이 형편없었던 것은 아니다. 이들의 프로필을 살펴본 결과, 여느 대한민국의 청년들처럼 취업이 결코 풀기 쉬운 문제는 아니었지만 노력하면 충분히 한국에서 일자리를 구할 정도로 스펙이 양호한 편이었다. 일부는 그 누구에게도 뒤지지 않을 만큼 화려한 스펙을 자랑하기도 했다. 그럼에도 불구하고 GYBM에 도전한 것은 김나라 씨와 마찬가지로 더 큰 기회를 잡기 위해서였다. 결코 한국에서 일자리를 구할 능력과 실력이 되지 못해 떠밀리듯이 해외로 나온 청년들이 아니었다. 이들의 지원 스토리를 보면 울며 겨자 먹기 식으로 GYBM을 선택하지 않았음을 절감할 수 있다.

GYBM 베트남 4기 길현주 씨가 GYBM을 처음 알게 된 것은 베트남 3기로 있던 대학 후배를 통해서였다. 고등학교 때부터 해외에 막연한 동경심을 가지고 있었던 데다 대학 시절 그 누구보다 적극적으로 교환학생 프로그램, 국제교류 프로그램 등에 참여했던 그녀였기에 GYBM은 특별한 존재로 다가왔다. 그러나 당시에는 취업을 목표로 한 대기업의 인턴 과정을 수료 중이었다. 더구나 힘들고 어려웠던 레이스가 얼마 남지 않은 시점이었기 때문에 다른 곳에 관심을 쏟을 여유가 없었다. 지금까지 전력 질주했던 레이스를 성공적으로 끝내는 것에만 집중하기에도 힘에 부쳤다. 그러나 모든 인턴이 그렇듯 그녀는 정식 사원이 될지 안 될지도 모르는 불투명한 미래에 불안감을 자주 느꼈고, 그때마다 후배에게 들은 GYBM이 떠올랐다.

결국 긴 고민 끝에 그녀는 밑져야 본전이라는 생각으로 GYBM 모집 공고 내용을 살펴보고 설명회까지 참석했다. 그 과정에서 GYBM에 도전하고 싶은 마음이 점점 커져 종국에는 지원서까지 내게 됐다. 그렇다고 그녀가 대기업 취업을 포기한 것은 아니었다. 결과를 장담하긴 어렵지만 정식 사원이 될 수 있는 여지가 있었기 때문이다. 그녀는 끝까지 인턴 과정을 수료하고 정식 사원이 되기 위한 최종 면접만을 남겨 두었다. 그런데 공교롭게도 GYBM의 면접일과 대기업 최종 면접일이 겹쳤다. 그녀는 둘 중 하나를 선택해야 하는 상황에 처하고 말았다. 두 가지 모두 그녀에게 중요한 일이었기 때문에 어느 것 하나 쉽게 포기할 수 없었다. 그렇게 갈팡질팡하는 사이, 어느새 결전의 날이 되었다. 고향 대전에서 서울로 올라가는 기차 안에서도 그녀의 마음은 복잡했다. 그런데 이상하게도 서울이 가까워질수록 도전정신과 열정으로 해외에서 비즈니스를 펼칠 의지가 강한 사람을 구한다는 GYBM의 모집 공고 내용이 계속 머릿속에 맴돌았다. 그러다 문득 자신이 '그 사람'이라는 생각이 들었다. 그녀는 서울역에 내리자마자 망설임 없이 GYBM 면접 장소로 향했고, 다행스럽게도 연수생에 선발되어 베트남으로 떠날 수 있었다.

길현주 씨는 베트남에서의 생활이 안 힘든 것은 아니지만 그날의 선택을 전혀 후회하지 않았다. 그러지 않았다면 자신이 노력한 만큼 꿈과 희망을 찾을 수 있는 기회를 놓쳤을지도 모른다. 평소 겁 많고 소심한 자신이 그때 무슨 용기가 생겨서 GYBM에 도전했는지 모르겠지만, 지금 돌이켜 보면 과감하게 도전한 자신에게 칭찬을 해주고 싶은 마음이다.

길현주 씨와 같은 동기인 오수환 씨도 GYMB에 지원한 일을 자기 인생에서 가장 잘한 선택이라고 생각한다. 만약 GYBM을 신뢰하지 않았다면 한국인 베트남 동판 전문가가 되겠다는 꿈을 꾸고 있는 지금의 자신은 없었을 테니 말이다.

대학에서 무역학을 전공한 오수환 씨는 외국 바이어들을 상대하는 무역업을 꿈꿨다. 그러나 어느 순간 정신을 차리고 보니 전공과는 무관한 시험들을 준비하는 자신을 발견했다. 그는 이러한 현실에 답답함과 불안함을 느꼈다. 그러나 무역업을 하고 싶은 마음이 아무리 간절해도 구체적으로 무엇을 어떻게 계획하고 실행해야 할지 모르는 그에게 무역업은 말 그대로 꿈에 불과했다. 그러던 중 우연히 GYBM을 알게 됐다. 평소 외국 바이어들을 상대하는 무역업을 꿈꿨고, 여기에 한국보다 베트남에 더 큰 성공 기회가 있을 거라 판단한 그는 주저 없이 GYBM에 지원했다.

오수환의 씨의 아버지는 이런 아들의 선택을 적극적으로 지지했다. 그 역시 젊었을 때 대우건설 해외 파견 근로자로 리비아에서 6년 동안 근무한 경험이 있었기 때문이다. 고생을 많이 한 시절이었지만 가난에서 벗어나고자 했던 오랜 자신의 꿈을 이루게 해준 해외생활이었다. 때문에 아들 역시 해외로 나가 보다 넓은 세상을 보고 다양한 경험을 쌓으며 자신의 꿈을 이뤄나가길 바랐다. 그렇게 아버지의 든든한 응원 속에서 오수환 씨는 GYBM에 지원서를 내고 선발 면접을 보게 됐다. 그런데 놀랍게도 그 자리에서 면접관으로 참석한 김우중 회장을 만났다. 전설적인 기업가를 만났다는 신기함과 기쁨에 잠시 취해 있던 사이, 김우중 회장이 그를 향해 대뜸 핀잔을 주었다.

"무역업을 하고 싶어 하는 놈이 영어 점수가 이게 뭐야?"

순간 정신이 번쩍 든 오수환 씨는 절망감에 사로잡혔다. 그 말을 듣자마자 GYBM 연수생이 되는 것은 힘들겠다는 생각이 들었기 때문이다. 그런데 면접이 끝나갈 무렵, 김우중 회장이 그에게 이렇게 묻는 것이 아닌가.

"앞으로 영어 공부 열심히 할 거야? 앞으로 잘할 거야?"

여전히 떨어질지도 모른다는 불안감은 남아 있었지만 김우중 회장의 말과 눈빛에서 작은 희망의 불씨를 발견한 오수환 씨는 서슴없이 큰 소리로 대답했다.

"네!"

그렇게 그는 GYBM 연수생이 되었다. 선발 면접을 보던 당시 얼마나 가슴을 졸였던지 아직도 그때 자신에게 '앞으로 잘할 거야?'라고 묻던 김우중 회장의 모습을 생생하게 기억하고 있다. 만약 그때 김우중 회장이 자신을 믿어주지 않았다면 지금처럼 꿈을 구체적으로 가다듬으며 미래를 그리지 못했을 것이다. 때문에 그는 항상 김우중 회장에게 감사하고 있다.

베트남 3기 이진희 씨는 어렸을 때부터 환경이든 사람이든 새롭고 낯선 것에 대한 두려움이 없었다. 또한 일단 무엇인가 하기로 결심하면 다른 사람이 재촉하거나 압박하지 않아도 그 목표를 이루기 위해 필요한 일을 스스로 찾아 실행하는 편이었다.

일례로 초등학교 3학년 때 혼자서 지하철비만 들고 인천에서 목동까지 외삼촌이 운영하는 신발 가게를 찾아갔던 적이 있었다. 혼자 지하철을 타본 적도 없는 열 살짜리 아이가 급할 때 연락할 수 있는 휴대폰도 없이 달랑 차비만 들고 거기까지 간 것이다. 어린 그가 이런 위험천만한 도전을 감행한 이유는 따로 있었다. 어느 날 그의 집을 방문한 외삼촌이 자신도 가게에 데려가 주겠다고 약속해놓고는 이를 어기고 혼자 가버렸던 것이다. 그렇지 않아도 그는 매번 형만 가게에 데리고 가서 맛있는 음식을 사주는 외삼촌에게 불만이 이만저만이 아니었다. 그래서 그날 본보기를 보여주겠다는 심정으로 무작정 차비만 들고 목동으로 향했던 것이다.

이진희 씨의 이러한 성향은 그의 삶에 많은 영향을 미쳤다. 그는 고등학교 때부터 낯선 해외로 나가 일하고 싶다는 꿈을 꾸었다. 그래서 대학 합격 후 인도 여행을 계획하기도 했다. 그러나 피치 못할 사정으로 그 계획은 무산됐고, 군대 전역 후 어학연수 겸 여행차 인도 뉴델리와 벵갈루루에서 공부했다.

이후 지인의 추천으로 뭄바이에 있는 인도 진출 한국 물류회사에서 인턴십을 하며 약 1년간 인도에서 생활했다. 이때 인도 사람들과 친분을 쌓으며 값진 경험을 했다. 또한 하루가 다르게 발전하는 뭄바이의 모습을 보면서 신흥시장에 관심을 갖게 됐다. 이후 한국으로 돌아온 이진희 씨는 남은 학기를 수학하며 다시 교환학생이 되어 카자흐스탄으로 떠났다. 그곳에서 한 학기를 수학하게 됐는데, 그때 카자흐스탄의 옛 수도인 알마티에서 실크로드의 시발점이었던 중국의 시안까지 여행할 기회가 생겼다. 그는 이 실크로드를 여행하면서 중국시장의 거대함을 느꼈고, 신흥국 시장에 대한 관심이 더욱 커졌다. 그러던 중 우연히 GYBM 베트남 과정을 알게 됐다. 신흥국 가운데 인구도 많고 어느 정도 경제 개발이 이루어진 베트남은 도전할 만한 가치가 충분한 시장이라는 판단이 들었다. 그는 늘 그래왔듯 두려움 없이 GYBM에 지원했다. 그리고 면접장에서 김우중 회장을 만난 후, GYBM이 자신의 청년시절을 보내도 아깝지 않을 곳이라는 확신이 생겼다. 처음에 그는 GYBM이 일종의 성무 지원을 받는 해외 취업 프로그램이라고 생각했다. 그런데 그곳에 놀랍게도 김우중 회장이 자리하고 있었다. 그는 GYBM을 속속들이 잘 알지는 못하지만 여타 취업 프로그램과 확연히 다르다는 생각이 들었다. 그리고 연수생활을 하면서 그 생각이 틀리지 않았음을 온몸으로 체험했다.

자, 이들에게서 패배자의 기운이 느껴지는가, 도전자의 기운이 느껴지는가? 이들은 도전하는 청춘이었기에 GYBM인이 될 수 있었다. 이들이 그냥 도망치듯 해외로 나가려는 젊은이들이었다면 GYBM에 들어올 수 없었을 것이다. GYBM은 '그냥' 나이가 젊은 사람이 아니라 '도전하는' 젊은이가 필요했기 때문이다.

작은 성공부터 경험하라

그렇다면 GYBM은 왜 이토록 엄격한 잣대를 들이대며 도전의식과 근성이 있는 젊은이만을 선별해 GYBM 버스에 태웠을까? 우선 언어, 음식, 문화, 기후 등 모든 것이 한국과 다른 낯선 환경에서 새로운 일에 도전해야 했기 때문이다. 새로운 도전을 즐기지 못하는 사람은 견디기 어려운 일이었기에 까다롭게 선별해 GYBM인으로 받아들였던 것이다. 그러나 가장 결정적인 이유는 궁극적으로 GYBM이 과거 김우중 회장과 대우인들처럼 세계를 무한한 기회의 땅으로 개척해 한국경제 발전에 큰 동력이 되어줄 젊은 글로벌 비즈니스 전사를 육성하기 위해 탄생한 곳이었기 때문이다. 따라서 아무리 똑똑하고 남들보다 월등한 스펙을 가지고 있어도 미래를 꿈꾸지 않고 도전을 회피하는 젊은이들은 필요하지 않았다. 미래지향적이고 도전을 즐기며 어떤 역경 속에서도 그 도전을 완수하겠다는 근성과 의지가 있는 도전자만이 필요했다.

GYBM은 태생적으로 비즈니스맨으로서, 또는 사업가로서 해외에서 새로운 영역을 개척해나갈 도전적인 인재를 육성하기 위해 설립된 곳이다. 그만큼 무엇보다도 도전정신을 고취시키기 위한 교육에 많은 관심을 기울였다. 정기적으로 도전정신과 관련된 수업을 진행하는 것은 물론 특히 연수생들에게 다양한 미션을 부여해 자신감을 키우는 일에 힘썼다.

GYBM이 도전정신을 고취시키기 위해 자신감 배양에 각별히 신경을 쓴 이유는 동전의 양면처럼 도전정신과 자신감이 불가분의 관계라고 여겼기 때문이다. 생각해보라. 자신이 무언가를 할 수 있다는 것, 더 나아가 '잘' 할 수 있다는 것을 확신하지 못하는 사람이 어떻게 성공과 실패를 짐작할 수 없는 일, 역경과 위험이 예견되는 일에 과감하게 뛰어들 수 있겠는가? 자신감이 없으면 도전 자체가 불가능하다. 때문에 GYBM은 연수생들에게 자신감을 심어주기 위한 노력을 게을리하지 않았던 것이다.

GYBM이 자신감 배양을 위해 연수생들에게 부여한 미션은 특별하지 않았다. 등산, 하루에 베트남어 단어 ○○개 외우기, 베트남에서 시장 보기 등 어찌 보면 아주 작고 대수롭지 않은 것들이었다. 나는 이런 소소한 미션들이 과연 얼마나 자신감을 키우는데 효과가 있을지 의심스러웠다. 그러나 김우중 회장은 단호한 목소리로 자신감을 고취시키는 데 매우 의미 있는 작업이라고 말했다.

"계속 실패하면 자신감이 없어져요. 그러면 도전도 하지 않게 되고 성공할 가능성도 줄어듭니다. 하지만 조그만 일이라도 스스로의 힘으로 성공하면 자신감이 생겨요. 그러면 더 큰일에 도전할 수 있고, 또 노력해서 성공하면 더욱더 큰일에 도전하게 되지요. 그렇게 몇 번을 하다 보면 점점 더 큰 자신감이 생겨요. 자신감이 가장 중요해요. GYBM 교육에서 가장 중요하게 생각하는 일이 바로 이것입니다."

작은 성공 경험이 새로운 도전으로 이어지고, 그 도전을 극복하면서 얻은 성공 경험이 또 더 큰 도전으로 이어지는 과정 속에서 점점 자신감이 커진다는 것이 김우중 회장의 생각이었다. 소소할지라도 성공을 경험하는 것이 자신감을 키우는 데 효과적이라는 그의 굳건한 믿음은 살아오면서 체득한 지혜이자 진리였다. 단 1퍼센트의 가능성만 있어도 과감하게 뛰어드는 그의 도전정신은 선천적으로 타고났다기보다 수많은 성공 경험에 의해 생성된 강한 자신감에서 비롯된 것이었다. 때문에 자신감을 키우는 데 크든 작든 성공 경험이 중요하다는 그의 생각은 확고했고, 자신이 그랬듯 다른 사람들 역시 그러하리라 믿어 의심치 않았다. 그리고 그 믿음대로 GYBM의 젊은이들에게 다양한 도전과제를 주고 이를 극복하는 경험을 쌓게 하자, 그들은 점점 자신감이 커지고 새로운 도전에 담대한 존재로 변해갔다.

도전으로 이끄는 자신감을 키우기 위해 GYBM이 마련한 또 하나의 특별 프로그램은 김우중 회장을 비롯한 대우인들, 동남아시아에서 성공한 사업가들, 그리고 열심히 활동 중이거나 성공한 GYBM 선배들의 특강이었다. 이들이 온갖 역경을 극복하고 성공한 스토리는 GYBM 연수생들에게 '나도 할 수 있다'는 자신감을 심어주는 데 지대한 역할을 했다. 특히 김우중 회장의 특강은 GYBM 연수생들에게 큰 울림을 주었다. 그는 연수생들에게 과거 자신이 멈추지 않는 도전정신을 통해 이루었던 수많은 성취를 들려주었다. 그러면서 이들이 자신처럼, 아니 자신보다 더 잘할 수 있는 잠재력과 가능성이 큰 존재임을 각인시켰다. 도전과 응전으로 국내는 물론 세계에서 유례를 찾아볼 수 없는 성공신화를 쓴 전설적인 존재가 자신들에게 깊은 신뢰를 보여준 것이다. 이는 도전을 통해 더 높은 곳으로의 비상을 꿈꾸는 GYBM 젊은이들의 날개에 큰 힘을 실어주었다.

글로벌 인재가 되고 싶은가? 그렇다면 '반드시' 도전자가 되어야 한다. 글로벌 인재가 되는 길은 곧 도전의 길이기 때문이다. 김우중 회장과 대우인들, 그리고 GYBM의 젊은이들처럼 도전하지 않고는 그 뜻을 이룰 수 없다. 무엇보다 자신 안에 잠들어 있는 도전 DNA를 깨워야 한다. 도전은 '행동'으로 하는 것이지 '생각'으로 하는 것이 아니기 때문이다. 생각만 해서는 아무것도 이루어지지 않는다. 그러나 '행동하는 것'은 쉽지 않다. 특히 미래에 대한 꿈과 희망을 주지 못하는 한국 사회에서 패배의식과 좌절감에 빠진 젊은이들에게는 더욱 그렇다. 시행착오나 실패를 용납하지 않는 한국 사회에서 내가 진정으로 원하는 무언가에 도전한 적이 없는 젊은이들에게는 더더욱 그렇다. 그러나 도전하지 않으면 변화는 일어나지 않는다.

도전해야 변할 수 있다. 그런데 문제는 도전하기 위해서는 나

스스로 어떤 일도 잘할 수 있다는 굳건한 믿음, 즉 자신감이 필요하다는 것이다. 특히 모든 것이 낯선 타국에 진출해 익숙하지 않은 일을 하며 불모지나 다름없는 새로운 길을 가야 하는 글로벌 비즈니스맨, 글로벌 사업가가 되기 위해서는 더 큰 자신감이 필요하다. 그러나 자신감은 마음먹는다고 해서 그냥 생기는 것이 아니다. 김우중 회장의 말대로 작은 일이라도 스스로 극복하고 해결하는 과정 속에서 싹이 트고 자라는 것이다. 지금 당장 실행에 옮길 용기가 나지 않는다면 일단 작은 일에 도전해서 성공 경험을 쌓아라. 별것 아닌 듯해도 자신감이 점점 커져 도전에 대한 두려움은 사라지고 대신 기대감이 커질 것이다. 자신감은 도전정신이 자라는 토양이다. 이 토양이 비옥할수록 도전을 마다하지 않고 즐기는 사람이 되고, 이러한 사람만이 세계를 무한한 발전 기회와 가능성을 제공하는 터전으로 만들 수 있다. 세계 어디서든 강력한 힘을 발휘하는 진정한 글로벌 인재로 거듭날 수 있다.

02 — 개발도상국처럼 일할 수 있는 체력을 길러라

GYBM의 특별한 아침 운동

나는 되도록 많은 GYBM의 젊은이들과 대화를 나누려고 애썼다. 프로그램을 직접 체험한 장본인들인 만큼 이들보다 더 생생하게 설명하고 증명할 수 있는 존재는 없다고 판단했기 때문이다. 그러나 내게 주어진 시간이 너무 짧아 뜻하는 바를 이루려면 아침부터 저녁까지 강행군을 해야 했다. 그러다 보니 몸은 고되었지만 마음만큼은 그 어느 때보다 행복했다. GYBM의 젊은이들이 발산하는 에너지가 밝고 활기에 넘쳤기 때문이다. 그 에너지의 전염성이 얼마나 강한지 그들을 보고 있노라면 절로 미소가 지어졌다. 마음만 먹으면 어떤 일이라도 할 수 있을 것 같던 자신감 넘치는 학창시절로 돌아간 기분이었다. 미래를 꿈꾸고 도전하는 젊음만큼 아름다운 존재는 없다는 것을 새삼 절감하는 시간들이었다. 그러나 그 행복의 크기만큼 씁쓸함도 컸다. 미래에 대한 꿈과 희망을 찾지 못해 활기를 잃은 한국 청년들의 모습이 떠올랐기 때문이다.

나는 하루라도 빨리 그들이 GYBM의 젊은이들처럼 국경 밖으로 나와 밝은 미래를 꿈꾸기를 바랐다. 그리고 그 간절함의 크기만큼 혼신의 힘을 다해 GYBM의 모든 것을 담아가리라 거듭 다짐했다. 어떤 식으로든 이 모든 여정의 기록을 세상과 공유해 미래의 꿈을 잃고 방황하는 한국의 젊은이들에게 희망과 자신감, 도전정신을 심어주고 싶었기 때문이다. 그러나 이 여정의 기록을 책으로 엮을 생각은 하지 않았다. 이때까지 나는 그저 내가 가르치는 제자들, 내가 만나는 젊은이들에게라도 GYBM을 알려 조금이나마 한국 청년들의 어깨에 힘을 실어주고 싶다는 소박한 포부를 가지고 있었다. 그러나 GYBM에 대해 알면 알수록 보다 많은 한국의 젊은이들과 이 기록을 공유하고 싶은 마음이 간절해졌다. 나중에는 반드시 달성해야 하는 하나의 과업처럼 느껴졌다. 한국의 청년들에게 미력하나마 보탬이 되고자 최선을 다해 기록한 만큼, 우리 젊은이들이 이 여정을 따라가다 보면 어떻게 경쟁력 있는 글로벌 인재로 거듭날지 어느 정도 윤곽을 그릴 수 있으리라 본다.

실의에 빠진 한국의 청년들에게 조금이나마 도움이 되려는 산절한 마음으로 GYBM 탐방에 나선 나는 그 무엇도 허투루 넘길 수가 없었다. 아주 작은 것 하나도 놓치지 않기 위해 온 정신을 집중했고, 궁금한 점이 있으면 체면 불고하고 묻고 또 물었다. 이런 내가 GYBM을 탐방하면서 매우 흥미롭게 느꼈던 점 중 하나가 매일 하는 아침 운동이었다. GYBM 연수생들은 매일 새벽 5시 30분에 일어나 6시까지 운동을 했다. 어떤 운동을 하든 상관이 없지만 거를 수는 없었다. 아침 운동은 GYBM 연수생들이 반드시 소화해야 하는 하루 일정 중 하나였다.

아침 운동은 연수생들이 처음에 GYBM 프로그램에 적응하는 데 적지 않은 걸림돌이 됐다. 평소에 아침 일찍 일어나거나 꾸준히 운동을 했던 사람은 별 문제가 없었지만 아침잠이 많거나 운동을 게을리했던 사람에게는 여간 곤욕스러운 시간이 아니었기 때문이다.

현재 베트남 하이즈엉Hai Dương 시에 위치한 약진미시간하이즈엉Yakjin Michigan Hai Dương(약진통상: 한국의 섬유산업 전문 업체)에서 근무하는 GYBM 베트남 4기 평준형 씨도 아침 운동 때문에 초창기에 큰 곤욕을 치른 사람 중 하나였다. 군대 수색대 출신인 그가 당시

군생활보다 GYBM 연수생활이 더 힘들다고 느꼈을 정도이니, 그 어려움이 얼마나 컸는지 짐작할 수 있다.

"매일 새벽 5시 30분에 일어나 하루 일과가 시작됐습니다. 정신적인 강인함 없이는 견디기 어려운 생활이었죠. 특히 힘들었던 것은 아침 운동이었습니다. 연수를 받는 동안 비 오는 날을 빼고는 매일 아침 6시까지 운동을 했는데, 아침잠이 많은 저한테는 정말 피곤한 시간이었습니다. 물론 운동을 한 후에는 상쾌했지만 일어나서 운동을 하러 가기 전까지 너무 힘들었습니다."

그런데 왜 GYBM은 연수생들이 이토록 힘들어하는 아침 운동을 교육 프로그램에 넣은 것일까? 글로벌 인재로 거듭나는 것과 운동은 전혀 무관해 보이는데 말이다. 그러나 GYBM의 생각은 달랐다.

근무 형태를 파이브 투 나인으로

GYBM은 한국의 젊은이들이 경쟁력 있는 글로벌 인재가 되기 위해서는 운동이 꼭 필요하다고 생각했다. 더 엄밀히 말하면 운동을 통해 체력을 길러야 한다고 생각했다. 체력이 뒷받침돼야만 무슨 일이든 해내고 어떤 위기와 역경도 극복할 수 있다고 보았기 때문이다. 아무리 뛰어난 능력과 실력을 갖춘 인재라고 해도 체력이 뒷받침되지 않으면 자신의 역량을 마음껏 펼칠 수 없다는 것이 GYBM의 생각이었다. 그래서 연수생을 선발할 때 체력 테스트를 실시했다. 윗몸일으키기, 인터벌 달리기, 등산 등을 통해 지원자들의 기본 체력을 측정했다. 일반 회사에서는 보기 드문 채용 방식이었기 때문에 많은 연수생들이 이 체력 테스트를 인상적으로 기억하고 있었다. 베트남 3기 김경은 씨도 그중 한 명이었다.

처음에 김경은 씨는 GYBM 연수생 선발 시험에 체력 테스트가 있다는 얘기를 듣고 크게 당황했다. 일반 회사의 통상적인 채용 시험 방식이 아니었기 때문이다. 그러나 특별하든 특별하지 않든 이 시험은 그녀에게 득으로 작용했다. 평소 그녀는 체력 하나만큼은 자신 있었기 때문이다. 여기에 시험에 대비해 틈틈이 운동까지 했던 터라 더욱 잘할 자신이 있었다. 하지만 막상 체력 테스트를 하는 날이 되니 저절로 긴장이 됐다. 특히 윗몸일으키기 순서를 기다릴 때는 더욱 긴장감이 고조됐다. 그래서 그녀는 자신의 차례가 되었을 때 긴장도 풀 겸 면접관에게 지금까지(면접 3일 차) 윗몸일으키기를 가장 많이 한 횟수가 얼마냐고 호기롭게 물었다. 면접관은 68개라고 대답했다. 이에 그녀는 "제가 최고 기록을 세우겠습니다"라고 장담했다. 그러자 면접관이 웃음을 터트리며 그녀가 70개 이상을 하면 합격을 시켜주겠노라고 말했다. 그녀는 이를 악물고 윗몸일으키기를 해 무려 108개의 기록을 세웠다. 남녀 통틀어 지원자 중 가장 높은 기록이었고, 지금도 이 기록은 깨지지 않고 있다. 워낙 높은 기록이었기 때문에 그녀는 한동안 동기들 사이에서 '108녀'로 불렸다. 이렇듯 특별한 추억을 선물한 체력 테스트였기 때문일까. 그녀는 아직도 체력 면접을 봤던 날을 어제 일처럼 생생하게 기억하고 있다.

GYBM 베트남 5기 정화정 씨도 그날을 또렷하게 기억한다. 평소 운동을 꾸준히 했던 그녀는 체력 면접에 크게 부담을 느끼지 않았다. 그런데 막상 테스트가 시작되자 고전을 면치 못했다. 특히 일정 구간을 전력으로 달렸다가 느리게 달리기를 반복하는 인터벌 달리기는 고통스럽기까지 했다. 얼마나 힘들던지 그녀는 함께 달리는 사람들 중에서 계속 꼴지를 했다. 이때 너무 체력을 소모한 나머지 나중에 남산을 등반할 때 에베레스트를 오르는 것만큼이나 힘겨웠다. 예상치 못하게 저조한 성적으로 체력 테스트를 마친 그녀는 혹 이 때문에 탈락하지 않을까 하고 내심 가슴을 졸였다. 결과적으로 연수생이 되었지만 이때 얼마나 마음고생을 했던지 그녀는 이날의 기억이 쉽게 잊히지 않았다.

나 역시 경쟁력 있는 인재가 되기 위해서는 건강과 체력이 필수라고 생각한다. 건강과 체력이 뒷받침되지 않으면 어떤 경쟁에서도 이기기 어렵고, 어떤 도전도 완수하기 힘들기 때문이다. 건강한 몸에 건강한 정신이 깃든다는 말이 있듯 몸이 튼튼하고 체력이 강해야 '기필코 해내고야 말겠다'는 근성과 의지가 생기고 '할 수 있다'는 자신감이 생긴다. 그래서 나는 평소 학생들, 특히 여학생들에게 체력을 기를 것을 늘 당부했다. 커리어 경쟁에서 여성이 남성에게 밀리는 이유 중 하나가 부족한 체력이라고 생각했기 때문이다. 나는 여성이 체력을 키운다면 커리어 경쟁에서 결코 남성에게 밀리지 않으리라고 본다.

이러한 측면에서 나는 한국의 대학들이 학생들에게 체력을 기를 수 있는 시설과 기회를 마련해주어야 한다고 생각한다. 국내 대학 중 세계 유수의 대학들과 비교해 뒤처지지 않는 체육 시설을 갖춘 곳이 얼마나 되는가? 젊은이들의 체력을 키우는 것은 곧 미래의 성장 동력을 강하게 만드는 일이다. 때문에 GYBM처럼 크든 작든 우리 젊은이들이 운동을 통해 체력을 키울 수 있는 기회를 만들어줄 필요가 있다.

GYBM이 특별히 연수생들의 체력 향상에 힘쓰는 또 하나의 이유는 이들이 앞으로 꿈을 펼쳐나갈 곳이 더운 동남아 국가이기 때문이다. 무더운 날씨는 체력을 크게 소모시키므로 동남아시장에서 활발하게 비즈니스를 펼치려면 강한 체력은 필수였다.

그러나 가장 결정적인 이유는 개발도상국처럼 일해야 크고 많은 기회가 주어지기 때문이었다.

"많은 한국 사람들이 선진국처럼 일을 해야 좋다고 생각해요. 그러니까 마음에 맞는 일자리 찾기가 힘든 거예요. 지금 GYBM 에서 가르치고 있는 것은 개발도상국 모델이에요. 어려운 환경에서 힘들더라도 열심히 일하면 한국에서는 생각지도 못했던 새로운 길이 열립니다. 때문에 여기에 목표를 두고 마음의 자세나 생활 방식을 갖출 수 있도록 체력 단련도 시키면서 혹독하게 교육하고 있어요."

그렇다면 김우중 회장이 말하는 개발도상국 모델이란 무엇일까? 《세계는 넓고 할 일은 많다》에 실린 표현을 그대로 인용해 설명하자면 '파이브 투 나인(5 to 9)', 즉 오전 5시에서 밤 9시까지 일하는 것을 말한다. 선진국의 전통적인 근무 형태는 '나인 투 파이브(9 to 5)', 즉 아침 9시에 출근해서 저녁 5시에 퇴근하는 것이다. 따라서 오전 5시에서 밤 9시까지 일할 때와 아침 9시에서 저녁 5시까지 일할 때의 노동 시간은 곱절이 차이가 난다. 김우중 회장이 말하는 개발도상국 모델이란 선진국보다 곱절이 넘을 정도로 많은 일을 하는 형태를 의미했다. GYBM은 이렇게 개발도 상국처럼 열심히 일할 수 있는 열혈 비즈니스 전사 양성에 목표를 두고 연수생들의 체력 향상에 온 힘을 쏟고 있었다.

김우중 회장이 밤 비행기를 고집했던 이유

과거 대우는 둘째가라면 서러울 정도로 재계에서 손꼽히는 지독한 일벌레 집단이었다. '대우의 일터에는 해가 지지 않는다'라는 광고의 문구처럼 이들은 밤낮을 가리지 않고 5대양 6대주를 누비며 치열하게 일했다. 땀과 노력을 아끼지 않고 일하는 이들의 모습은 헌신적이기까지 했다. 대우 직원들이 이른 아침부터 늦은 밤까지 너무 열심히 일하다 보니 현지 외국인 직원들도 게으름을 피울 수가 없었다.

대우인들이 이처럼 일에 몰두했던 것은 자신들을 이끄는 수장인 김우중 회장이 그 누구보다 치열하게 일했기 때문이다. 그가 얼마나 열심히 일을 했는가 하면 매일 아침 7시 전에 출근해 자정 무렵이 되어서야 퇴근했고, 해외 출장을 갈 때도 비행기 안에서 시간을 헛되이 보내지 않기 위해 가급적 밤 비행기를 탔다. 비행기에서 토막잠을 자고 아침에 내려 단정하게 옷을 차려입고는 곧장 관계자들을 만나러 갔던 것이다. 그가 이토록 치열하게 일을 하는데 대우인들이 어떻게 쉬엄쉬엄 일할 수 있었겠는가? 김우중 회장과 대우인들이 선진국처럼 '나인 투 파이브'가 아닌 '파이브 투 나인'의 자세로 열심히 일했기 때문에 대우가 기적에 가까운 성공신화를 쓸 수 있었던 것이다.

김우중 회장과 대우인들은 개발도상국처럼 일해야 큰 성과를 얻을 수 있다는 이 성공 법칙이 여전히 유효하다고 생각했다. 특히 경제성장 속도가 빠르고 제조업 중심의 개발도상국, 즉 신흥국 시장에서는 이 법칙이 강력한 힘을 발휘한다고 보았다. 신흥국 시장은 공휴일도 없이 24시간 공장 기계가 돌아가는 제조업이 중심이다. 때문에 긴장감이 없고 늘어지는 선진국 방식보다는 시간과 노력을 아낌없이 쏟아붓는 개발도상국 방식으로 일해야 경쟁력 확보에 유리하다. 이런 이유로 GYBM은 개발도상국처럼 일할 수 있는 인재 양성에 목표를 두고 체력 향상을 위한 아침 운동을 실시하고 있었던 것이다.

GYBM의 아침 운동 효과는 이내 나타났다. 거의 모든 GYBM의 젊은이들이 체력적으로, 정신적으로 힘들어하던 아침 운동을 점점 수월하게 받아들였고, 여기서 기른 체력이 졸업 후 직장생활을 하는 데 상당한 도움을 주었다.

아직 젊어서 잘 모를 수도 있지만 건강을 잃으면 전부를 잃는 것이며, 건강이 가장 큰 재산이라는 말은 불변의 진리다. 아무리 뛰어난 역량을 갖췄다고 해도 건강과 체력이 뒷받침되지 않으면 아무 소용이 없다. 고성능이라노 날리시 못한나뻔 사동사로서의 가치가 없듯, 세계무대에서 자유롭게 비즈니스 활동을 할 수 있는 체력과 건강을 갖추지 못한다면 제아무리 능력과 실력이 뛰어나도 경쟁력이 떨어진다. 그러니 글로벌 인재가 되고자 한다면 체력을 기르고 건강관리에 힘써라. 체력과 건강은 경쟁력 있는 인재가 되기 위해 갖춰야 할 가장 기본적이고 필수적인 조건임을 결코 잊지 마라.

03 — 절실한 마음을 가져야 이루어진다

열다섯 신문팔이가 방천시장을 독점한 비결

아침 운동과 함께 내가 인상 깊었던 또 하나의 GYBM 교육 과정은 3개월에 한 번씩 자신의 10년 후, 20년 후의 모습을 글로 쓰는 일이었다. 김우중 회장은 매번 이 글을 꼼꼼하게 읽고 연수생들과 진지한 대화를 나누었다. 그리고 다음에 또다시 미래의 자기 모습을 쓰게 하고 이에 대해 얘기를 나눴다. 이 일을 반복했던 이유는 그 과정 속에서 연수생들의 꿈이 다듬어지고 또렷해진다고 생각했기 때문이다. 즉, 자신의 미래를 그려보는 글쓰기는 GYBM 젊은이들의 꿈을 구체화하기 위한 목적의 교육 과정이었다.

GYBM이 이처럼 연수생들의 꿈을 구체화하기 위해 노력했던 것은 꿈이 또렷할수록 그것을 이루고자 하는 마음이 절실해진다고 생각했기 때문이다. GYBM은 마음이 간절해야 어떤 노선노마다하지 않고 최선의 노력을 다하며 그 과정에서 일을 해결할 답을 찾을 수 있다고 믿었다. 즉, GYBM은 무엇을 이루고자 하는 절실한 마음이 도전과 창조로 이어져 꿈의 실현 가능성을 높인다고 보았던 것이다. 곧 절실한 마음이 꿈을 이루는 핵심 요소였다. GYBM의 이러한 믿음은 김우중 회장의 믿음이기도 했다. 그는 절실한 마음의 강력한 힘을 그 누구보다 잘 알고 있었다. 이는 어렸을 때부터 수많은 경험을 통해 깨달은 것이었다.

한국전쟁 때 대구에서 피난살이를 했던 김우중 회장은 열다섯 살 때부터 가족들의 생계를 책임져야 하는 상황에 놓이게 됐다. 납북된 아버지를 대신해 가장 역할을 하던 형들이 군에 입대한 것이다. 그 바람에 아직 어린 그에게 생계의 무거운 짐이 고스란히 옮겨졌다. 그러나 나이도 어린 데다 모든 것이 어수선한 전쟁통이었기 때문에 그가 할 수 있는 일은 많지 않았다. 가족들은 자신만 바라보고 있는데 마땅히 할 일이 없으니 그의 마음이 얼마나 답답했겠는가. 그러던 차에 아버지 지인의 도움으로 신문팔이를 하게 됐는데, 일이 결코 녹록지 않았다. 경쟁자들이 너무 많았기 때문이다.

당시 그가 주로 신문을 팔던 곳은 방천시장이었다. 어디보다도 사람이 많이 모이는 만큼 방천시장은 그 일대에서 신문팔이를 하는 아이들의 주 공략 대상이었다. 이에 김우중 회장은 어떻게 하면 수많은 경쟁자를 제치고 이곳에서 신문을 많이 팔 수 있을까 늘 고민했다. 신문을 많이 팔아야 가족들이 배를 굶지 않을 수 있었다.

가족의 생계가 자신의 손에 달린 절박한 상황. 이런 상황에서 신문을 많이 팔고자 하는 어린 그의 마음이 얼마나 절실했을지 상상해보라. 그러나 경쟁자가 너무 많아 뾰족한 대책을 세우지 않는 이상 큰 수익을 얻기가 어려웠다. 이에 그는 고민에 고민을 거듭해 한 가지 좋은 묘책을 떠올렸다. 가장 일찍 도착하면 그만큼 다른 경쟁자들보다 신문을 많이 팔 수 있으리라 판단한 것이다. 그는 신문을 받자마자 다른 곳은 아예 들르지도 않고 방천시장으로 곧장 뛰어갔다. 그러나 이내 경쟁자들이 뒤쫓아 와 그를 앞질러서 팔아버렸기 때문에 이 방법은 큰 효과가 없었다.

두 번째로 시도한 방법은 거스름돈을 미리 삼각형으로 접어서 주머니에 넣고 다니는 것이었다. 그가 방천시장에 가장 먼저 도착해도 이내 다른 경쟁자들에게 따라잡힌 이유는 신문을 팔고 거스름돈을 주고받는 소요 시간이 길었기 때문이다. 따라서 거스름돈을 미리 준비해두면 그 시간을 절약하는 만큼 경쟁력이 생긴다고 생각했다. 그러나 조금 나아지기는 했지만 그가 세운 목표를 달성하기에는 부족했다. 그는 방천시장을 독점하길 원했다. 이에 그가 마지막으로 시도한 방법은 신문값을 떼이는 한이 있더라도 일단 신문만 던져주고 나중에 돈을 받는 것이었다. 신문값을 떼이는 경우는 그리 많지 않기 때문에 리스크가 있더라도 신문을 다 파는 것이 이익이라고 생각했다. 그 예측은 정확하게 들어맞았다. 신문값을 못 받는 경우도 더러 있었지만 신문만 던지고 앞으로 나아가니, 누구도 그의 속도를 따라잡지 못했다. 이런 일이 반복되자 결국 방천시장은 김우중 회장이 독차지했고, 덕분에 그는 가족들의 생계를 책임질 수 있었다.

어떻게 해서든 신문을 많이 팔겠다는 절실한 마음이 창의적인 생각과 아무도 시도하지 않은 도전을 하도록 이끌어 그가 세운 목표를 이루게 만들었던 것이다. 따라서 자신처럼 GYBM의 젊은 이들도 꿈을 이루고자 하는 절실한 마음을 가지면 그 꿈을 얼마든지 달성할 수 있다고 보았다. 그러나 그 절실한 마음을 가지려면 우선 이들의 꿈을 구체화시킬 필요가 있었다. 꿈이 선명하지 않고 어렴풋하면 그것을 이루겠다는 간절한 마음이 생기기 어렵다고 판단했기 때문이다. 생각해보라. 막연하고 자신의 능력으로 해낼 수 있을지 의심스러운 꿈에 대해 반드시 이루고야 말겠다는 절실한 마음이 쉽게 들겠는가? 물론 막연해도 절실한 마음을 가지고 꿈을 향해 달려가는 사람들도 있다. 그러나 꿈이 구체적이지 않기 때문에 작은 위기나 실패에도 쉽게 좌절하고 포기하며 자신감을 상실한다. 남들보다 월등하게 어떤 목표를 이루려는 집념과 의지가 강한 사람이 아니고서는 막연한 꿈에 한결같이 절실한 마음을 가지고 달리기가 어렵다. 꿈이 선명해도 역경 앞에서 좌절하고 자신감을 잃기 십상인데, 불분명한 꿈을 꿀 때는 얼마나 어렵겠는가? 꿈이 실현 가능해 보여야 처음 품었던 간절한 마음을 쉽게 잃지 않고 자신감을 가지고 온 힘을 다해 전력 질주할 수 있다. 뿐만 아니라 설령 지치고 힘들어도 목적지가 분명하기 때문에 잠시 좌절은 할 수 있으나 쉽게 포기하지 않는다.

선명한 꿈은 꿈에 대한 집중력, 지속력, 기동력, 자신감 등을 주는 힘을 가지고 있다. 그래서 김우중 회장과 GYBM은 연수생들의 꿈을 구체화시킬 수 있는 교육 과정을 특별히 마련한 것이다. 처음에 연수생들은 이러한 깊은 뜻을 헤아리지 못했다. 그래서 이 과정을 접했을 때 대부분이 하기 싫은 숙제를 해치우듯 대충 적어서 제출했다. 이에 김우중 회장은 연수생들에게 성의 있게 써달라고 당부했다. 연수생들은 영문도 모른 채 처음보다 더 신경을 써서 자신의 꿈을 그려나갔다. 그 과정 속에서 연수생들은 자신의 꿈이 또렷해짐은 물론 자신감도 커지는 것을 느꼈다. 이러한 변화는 고스란히 김우중 회장에게 전달됐다.

"나는 학생들에게 미래의 꿈을 담아서 글을 써보라고 하고 매번 그것을 읽어봤어요. 처음에는 어슴푸레하게 꿈을 적는데 갈수록 신명해지고 자신감이 커지는 게 보이더라고요. 꿈은 이처럼 하루아침에 생기는 것이 아니라 계속 발전시켜 나가는 것이에요. 포기하지 않고 계속 노력해서 실현 가능성을 키워가는 것입니다. 결국 실현이 되면 꿈이 이루어지는 것 아니겠어요?"

산을 뛰어넘는 도사 이야기

'도사 이야기'는 김우중 회장이 사람들에게 즐겨 하는 얘기 중하나다. 이 이야기를 간단히 정리하면 이렇다.

100미터에 이르는 높은 산을 자유자재로 넘나드는 도사가 있다. 그런데 그는 태어날 때부터 이런 신통방통한 능력을 가지고 있었을까? 아니다. 그역시 우리처럼 평범한 사람이었다. 그러나 100미터의 산을 뛰어넘겠다는 간절한 마음을 가지고 매일 피나는 연습을 통해 조금씩 높이뛰기 능력을 키웠기 때문에 이러한 비범한 능력을 가진 도사가 될 수 있었다.

김우중 회장이 이 이야기를 통해 전하고자 하는 메시지는 무엇이었을까?

무엇인가를 이루려는 마음이 간절하면 그만큼 열심히 노력하게 되어 결국 그 목표가 이뤄지니, 무엇을 하든 절실한 마음을 가지고 임하라는 뜻이다.

그는 기회가 있을 때마다 도사 이야기를 언급하며 절실한 마음의 중요성을 강조했다. 그 누구보다도 자신이 수많은 경험을 통해 절실한 마음이 가진 어마어마한 파급력을 잘 알고 있었기 때문이다. 그는 자신이 그랬던 것처럼 어떤 사람이라도 절실한 마음으로 꿈꾸고 도전하면 자신의 분야에서 도사, 즉 최고의 인재가 될 수 있다고 보았다. 그에게 도사 이야기는 아무리 얘기해도 지나침이 없는 성공 노하우이자 진리였던 것이다. 그래서 그는 특히 젊은이들을 만나면 이 이야기를 잊지 않고 했다. 무한한 가능성과 잠재력을 가진 이들이 절실한 마음을 가지고 온 힘을 다했을 때 그 결실의 크기는 짐작할 수 없기 때문이다. 그렇게 젊은이들이 거둔 결실이 크면 클수록 한국경제의 미래는 더욱 밝아진다.

지금 이 책을 읽고 있는 당신은 크든 작든 해외에 취업하거나 창업하고 싶은 마음이 있을 것이다. 애당초 그럴 마음이 없었다면 이 책에 관심을 갖지도 않았을 테니 말이다. 그렇다면 어떻게 해서든 잘해보겠다는 절실한 마음을 가지길 바란다. '되고 싶다'

가 아니라 '될 것이다'라는 마음을 가지고 노력을 하라는 얘기다. 그래야 도전의식이 생기고 목표를 달성하는 데 도움이 되는 번뜩이는 아이디어가 떠오른다. 그러나 갑자기 마음이 썰실해지지는 않을 것이다. 왜냐하면 지금 당신은 막연하게 바라고 있기 때문이다.

꿈이 선명하지 않고 어렴풋하기 때문에 꿈을 이루겠다는 간절한 마음을 갖기가 힘들다. 어렵더라도 실현 가능해 보여야 열심히 노력해서 그 꿈을 이루겠다는 마음이 생긴다. 따라서 우선 그 꿈을 구체화하는 작업이 필요하다. GYBM이 연수생들에게 실시하는 자신의 미래를 그려보는 글쓰기는 도전하기 쉽고, 효과적인 방법이 될 수 있다. 그저 자신의 미래 모습을 글로 쓰는 것이 얼마나 효과가 있을까 싶지만, GYBM의 젊은이들은 하나같이 이 방법이 생각보다 훨씬 유용하다고 증언했다. 그러니 일단 시도해봐라. 복잡하거나 어렵지도 않고 돈이 드는 것도 아닌데 주저하는 것은 참으로 아까운 일이다. 밑져야 본전이고, 잘하면 돈 주고도 살 수 없는 무형의 강력한 무기를 얻을 수 있는 이 작업을 결코 소홀히 하지 말기를 바란다. 쉽다고 중요하지 않은 것은 아니다.

김우중 회장이 쓴 책을 보면 이런 내용이 나온다.

특정한 종교의 신자는 아니지만, 나는 젊은 시절에 나를 매우 사랑하는 어떤 신이 있어서 나를 지켜주고 앞에서 이끌어주는 것과 같은 뿌듯한 기분에 사로잡힌 적이 많았다. 무엇을 하든 시작만 하면 못할 게 없을 것 같았고, 마음만 먹으면 얼마든지 마음먹은 대로 실행할 수 있을 것 같았다. 그 겁을 모르는 자신감이야말로 젊음 하나 말고는 내세울 게 아무것도 없었던 시절의 나의 유일한 무기였다. 그리고 그 무기는 가장 성능이 우수하고 효과적인 무기였다는 사실을 솔직히 고백해야겠다.

-《세계는 넓고 할 일은 많다》

실제로 나는 여태껏 김우중 회장만큼 강한 자신감을 가진 사람을 본 적이 없다. 내가 만난 그는 세상에 불가능한 꿈은 없다고 말할 정도로 자신감이 넘치는 적극적이고 긍정적인 사고의 소유자였다. 그런데 태어날 때부터 이토록 강한 자신감을 가진 사람은 아니었다. 어떤 목표를 세우면 반드시 이루고야 말겠다는 간절한 마음으로 도전하고 극복하는 과정에서 형성된 것이었다. 즉, 그의 월등한 자신감은 어떻게든 해내고야 말겠다는 절실한 마음, 그 집념이 만들어낸 결과물이라고 할 수 있다.

이토록 강한 자신감을 가진 사람이 꿈을 이루지 못할 가능성이 얼마나 될까? 새로운 도전 앞에 주저하고, 역경 앞에 좌절하며,

실패 앞에 포기할 가능성이 얼마나 될까? 거의 없을 것이라고 본다. 이러한 점에서 김우중 회장이 불과 30여 년 만에 무려 41개의 계열사를 거느린 그룹의 수장이 될 수 있었던 것은 어쩌면 낭연한 결과였다. 그 어떤 도전도 마다하지 않고 온갖 고난과 역경에도 좌절하지 않으며 혼신의 힘을 다하는 그를 누가 당해낼 수 있겠는가.

자신감이 갖는 위력은 이토록 크다. 그 자신감은 그냥 생기는 것이 아니라 크든 작든 수많은 성공 경험이 쌓여서 싹이 트고 자란다. 그리고 성공의 가능성은 어떻게 해서든 잘해내겠다는 절실한 마음이 있을 때 커진다. 마음이 간절하지 않은 사람이 어떻게 원하는 바를 이룰 수 있겠는가. 즉, 김우중 회장은 간절한 마음으로 어떤 일에 성공하고, 그 성공 경험을 통해 얻은 자신감으로 새로운 도전을 하여 또 간절한 마음으로 성공을 이루는 과정을 무한 반복하면서 신화를 썼다고 볼 수 있다. 그러므로 무엇이든 목표를 세웠으면 간절한 마음으로 하길 바란다. 김우중 회장처럼 '간절한 마음→성공→자신감→도전→간절한 마음→성공→자신감→도전'의 선순환 구조를 만들면 어떤 분야에서든 좋은 결실을 맺고 강력한 경쟁력을 가질 수 있을 것이다.

04 ─ 정신적 체질을 바꿔라

고생을 즐기는 사람이 기회를 잡는다

나는 베트남에 도착하자마자 곧바로 GYBM 프로그램이 진행되고 있는 하노이 문화대학Hanoi University of Culture으로 달려가고자 했다. 그러나 여러 가지 여건상 6일간의 베트남 일정 중 다섯째 날에야 GYBM 사관학교를 방문할 수 있었다. 이곳에서 나는 연수생들의 하루를 곁에서 생생하게 지켜보았다. 그런데 얼마나 일정이 빡빡하고 강도가 센지 잠시 '군대 아니야?'라는 생각이 들 정도였다. 아니 고되기로 치면 군대보다 더하면 더했지 결코 덜하지 않았다. 그 고된 연수생들의 하루 일과(베트남 현지)를 간단하게 살펴보면 다음과 같다.

일단 오전 5시 30분에 일어난 연수생들은 6시까지 점호 및 운동을 한다. 그런 다음 6시부터 7시까지 청소 및 세면을 하고, 7시부터 7시 30분까지 아침을 먹은 후 일과 준비를 한다. 그다음 7시 30분부터 8시까지 베트남어 단어 시험을 본다. 8시부터 12시까지 베트남어 교육을 받고, 12시부터 13시까지 점심을 먹고 잠시 휴식을 취한다. 13시부터 18시까지 베트남어 교육과 직무 교육, 미션 과제 수행, 특강 등이 계속 이어진다. 그리고 18시부터 19시까지 저녁을 먹고 휴식을 취한 후 19시부터 21시까지 자율학습, 평가 및 피드백을 한다. 마지막으로 21시부터 22시까지 자습과 일과 정리를 한 다음 22시에 잠자리에 든다.

어떤가? 그야말로 숨 돌릴 틈 없이 빡빡한 일정이 아닌가? 물론 국내 연수를 포함해 11개월도 안 되는 짧은 시간 안에 연수생들을 베트남 현지 회사로 바로 투입해도 무리 없는 수준으로 만들어야 하기 때문에 현실적으로 강도 높은 교육은 피할 수 없었다. 하지만 그렇다고 해도 GYBM 연수생들이 하루에 소화해야 하는 일정은 다소 과하다는 생각을 지울 수 없었다. 그러나 김우중 회장의 생각은 달랐다. 세계무대에서 우위를 확보하려면 선진국 사람들보다 더 열심히 일할 필요가 있었다. 게다가 GYBM의

〈GYBM 연수생 하루 일과 시간표〉

시간	국내 교육	해외 교육	비고
05:30	기상		
05:30~06:00	점호 및 운동		건강 상태 체크
06:00~07:00	청소 및 세면		
07:00~07:30	조식 및 일과 준비		
07:30~08:00	베트남어 단어 테스트		
08:00~12:00	직무 교육	베트남어 교육	토요일 Biz. 영어 교육 실시
12:00~13:00	중식 및 휴식		
13:00~18:00	직무 교육	–베트남어 교육 –미션 과제 수행 –직무 교육/특강	미션 주제: 13개 분야
18:00~19:00	석식 및 휴식		
19:00~21:00	직무 교육/과제 수행	자율학습	평가 및 피드백
21:00~22:00	자습, 일과 정리 및 휴식		편지, 일기 쓰기
22:00~	취침		

※ –국내 교육: 인성 및 직무 교육 중심으로 진행(3주~주 7일 수업)
　–해외 현지 교육: 오전 어학(현지어), 오후 미션 수행 중심으로 진행(10개월~주 6일 수업)
　(토/일요일: 현지 학생과 함께 현지 문화 익히기)

젊은이들이 비즈니스를 펼쳐야 하는 곳은 모든 것이 한국보다 열악한 개발도상국이다. 때문에 혹독한 훈련을 통해 세상에서 가장 버거운 상대인 자기와의 싸움에서 이길 수 있을 만큼 강한 정신력을 갖춰야 한다고 생각했다. 즉, 그는 동남아시장에서 생존하고 성공하려면 이 정도의 훈련은 당연하며, 이것도 극복하지 못하는 사람은 이곳에서 좋은 기회를 잡기 어렵다고 보았다. 그는 동남아시장에서 경쟁력 있는 인재가 되기 위해서는 고생을 '더'

하겠다는 각오, '사서라도' 하겠다는 각오가 필요하다고 했다. 이 정도의 정신력이 있어야 큰 성과를 이룰 수 있다는 것이다. 그러나 보니 그는 연수생들이 강도 높은 프로그램에 힘들어하거나 불만을 토로하면 위로하고 다독이기보다는 호되게 질책했다.

베트남 4기 오수환 씨가 연수생활을 하던 때의 일이다. 한 달에 한 번 김우중 회장과 식사를 하는 날, 연수생들은 김우중 회장에게 군대 같은 연수생활, 매일 이루어지는 베트남어 시험 등을 언급하며 힘들다고 하소연했다. 평소 할아버지처럼 푸근하고 인자하신 분이기에 연수생들은 당연히 따뜻한 위로와 격려의 말을 해줄 것이라 기대했다. 그러나 김우중 회장은 전에 없이 엄한 얼굴로 크게 호통을 쳤다.

"스트레스를 왜 받아? 자기 꿈을 이루기 위해 하는 건데 그게 왜 스트레스를 받을 일이야?"

그 순간 식사자리는 무거운 침묵에 휩싸였다. 오수환 씨를 비롯해 많은 연수생들이 김우중 회장의 말에 뒤통수를 맞은 것 같은 충격을 받았다. 그 누구도 아닌 자신의 꿈을 이루기 위해 자발적으로 시작한 도전에 이런저런 이유를 대며 힘들다고 말하는 것은 그야말로 엄살에 지나지 않았기 때문이다. 김우중 회장은 그

점을 지적한 것이었다. 연수생들은 그 말을 통해 다시 한 번 자기 자신을 돌아보게 되었다.

김우중 회장의 쓴소리는 연수생들에게로만 향하지 않았다. 그는 연수생들의 부모들도 마음을 강하게 먹어야 한다고 말했다. 간혹 일부 부모들이 자식이 어려움을 호소하면 안쓰러운 마음에 되레 자기가 먼저 포기하라고 얘기하거나 중도 포기에 쉽게 동의해주는데, 이러한 자세는 자식에게 전혀 도움이 되지 않는다고 말했다. 자식을 사랑하는 마음이 클수록 강하게 이끌어야 어떤 역경과 위기도 극복하고 큰사람이 된다는 것이다. 따라서 자식이 어려움을 호소하면 동조하기보다는 스스로 그 어려움을 이겨 낼 수 있도록 유도하고 격려와 응원을 아끼지 않아야 한다고 말했다.

글로벌 비즈니스 현장에서 버티는 힘

김우중 회장은 《김우중과의 대화》에서 일반적으로 후진국 기업이 롤 모델로 생각하는 선진국 기업의 여러 문제점을 지적했다. 그 하나는 하루에 8시간만 일하고 휴가가 너무 길다는 점이었다. 또 하나는 일이 지나치게 분업화, 시스템화 되어 있다 보니 일의 진행이 느리고 조직원들이 책임감 있게 일하려 하지 않는다는 점이었다. 그리고 또 다른 하나는 업무 수요에 비해 사람이 너무 많다는 점이었다. 이는 그의 주관적인 생각이 아니라 여러 선진국 다국적 기업들을 곁에서 지켜보면서 얻은 결론이었다. 겉으로는 그럴싸해 보이지만 막상 세계에서 알아주는 기업들의 안을 들여다보니 허술하고 비효율적인 면이 그의 눈에 띄었던 것이다.

이 경험을 통해 그는 선진국 기업이 하는 일이 다 능률적이고 옳다는 고정관념에 사로잡혀 무조건 따라 하는 일은 바람직하지 않다고 생각했다. 이들도 허술하고 잘하지 못하는 부분이 있기 때문에 이 틈새를 잘 공략해야 이들과의 경쟁에서 승산이 있다고 보았다. 사람도 마찬가지였다. 선진국 사람들이 일하는 방식이 무조건 좋다고 생각해서 똑같이 일하려고 하면 이들과의 경쟁에서 이길 수 없다는 것이다. 자신과 대우인들이 그러했듯이 선진국 사람들보다 곱절, 아니 그 이상으로 열심히 일을 해야 괄목할 만한 성과를 이룰 수 있다고 보았다. 이러한 이유로 GYBM의 연수생들이 힘들어할 것을 빤히 알면서도 몸도 정신도 강하게 트레이닝을 시켰던 것이다.

특히 그는 정신력 강화에 힘썼다. GYBM은 연수생들이 고생을 '더' 하겠다는 각오, '사서라도' 하겠다는 각오를 다질 만큼 강한 정신력을 가지도록 호되게 훈련을 시켰다. 아무리 철저하게 준비한다고 해도 글로벌 비즈니스 현장은 상상하는 것보다 훨씬 더 혹독하고 많은 어려움이 있다. 때문에 어떤 고생도 마다하지 않겠다는 강한 정신력이 있어야 수많은 역경을 극복하고 자신의 미래를 만들어나갈 수 있다. 그리고 그 예측은 정확하게 들어맞았다. 내가 만난 대부분의 GYBM 젊은이들이 혹독한 연수생활을 통해 정신력을 기르지 않았다면 지금의 자신은 없었을 것이라고 말했다.

"회사에서 힘들고 어려울 때 버틸 수 있었던 건 GYBM의 스파르타식 교육 덕분이었어요. 앞으로 강인한 정신력을 바탕으로 중간 관리자로서의 지식과 전문성을 겸비했으면 하는 바람을 가지고 있습니다."

– GYBM 베트남 3기 김경은

세계무대에서 비즈니스를 펼쳐가는 길은 어렵다. 하물며 세계 어디에서도 성공할 강력한 경쟁력을 갖추는 길은 얼마나 더 어렵겠는가? 세상에서 가장 이기기 힘든 상대인 자기 자신을 극복할 수 있을 만큼 강한 정신력으로 무장하지 않으면 글로벌 인재가 되는 길은 요원하다. 실제로 드물지만 GYBM 졸업생들 가운데 중도에 회사를 그만두고 귀국한 이들이 있다. 이들 대부분이 개인적으로 특별한 사정이 있어 한국으로 돌아간 것이 아니었다. 열악한 현지 근무환경에 대한 불만, 엄격한 규율 속에서 이루어지는 근무에 느는 서부감 등 정신더 부새가 중두 포기의 주된 이유였다. 이들도 GYBM에서 혹독한 교육 과정을 통해 정신력을 길렀다. 그럼에도 불구하고 자기와의 싸움에서 이기지 못하고 멈추었다. 그만큼 글로벌 인재가 되는 길은 어렵다는 뜻이다.

지금까지의 생각, 마음가짐 등 모든 것을 버리고 다시 태어나겠다는, 즉 과거의, 한국에서의 정신적 체질을 싹 바꾸겠다는 강한 의지와 노력이 있어야 한다. 사생결단의 각오로 과거에 나를 넘어지게 하고, 주저앉게 하고, 멈추게 했던 모든 정신적 취약점들을 다 바꾸고 버려라. 끊임없는 담금질로 정신을 단련시켜도 결코 녹록지 않은 곳이 글로벌 비즈니스 현장이다. 이런 혹독한 전쟁터에서 살아남으려면 어떤 역경에도 굴하지 않는, 아니 사서라도 고생을 하겠다는 마음을 가질 정도의 강력한 정신력이 필요하다. 강한 몸과 정신, 이 두 무기를 갖출 때 경쟁력 있는 글로벌 인재가 되는 길이 훨씬 수월해짐을 잊지 말자.

05 ── 금의환향할 생각을 버려야 성공의 길이 보인다

수요자 맞춤형 교육 프로그램

GYBM 졸업생들이 근무하는 회사 방문은 둘째 날에 이어 셋째, 넷째 날까지 이어졌다. 나는 총 3일에 걸쳐 캡스텍스비나, 비나코리아, 우주비나, 캠시스, 세코닉스, 에버피아Everpia, GG, 약진미시간하이즈영, 시즈Sees, 하해비나Hahae Vina, YIC, 드림플라스틱스, JY하남JY Hanam, 알텍21Altec21 등 하노이 인근에 있는 여러 회사를 방문했고, 그곳에서 자신의 미래를 개척해나가고 있는 수많은 한국의 젊은이들을 만났다. 이들은 모두 근무하는 회사에서 좋은 평가를 받았고, 스스로도 힘들고 어려운 점이 있지만 현재 하는 일에 만족하고 있었다.

이들은 자신들이 회사에서 경쟁력 있는 인재가 될 수 있었던 결정적인 힘을 GYBM의 교육 프로그램에서 찾았다. 이들은 이 프로그램이 없었다면 회사에서 인정받는 것은 고사하고 제대로 적응하지 못하고 한국으로 돌아갔을 것이라고 말했다. 나 역시 이들의 의견에 깊이 공감했다. 내가 본 GYBM 프로그램은 철저하게 현지 기업들이 원하는 최적의 인재를 육성하는 데 초점을 두고 강도 높은 교육이 이루어지는 수요자 맞춤형 프로그램이었기 때문이다. 웬만한 어려움에는 끄떡없는 강한 정신력을 갖춘 데다 자신들에게 필요한 조건을 모두 충족시키는 인재를 그 어떤 기업이 마다할 것이며, 긍정적으로 보지 않을 수 있겠는가. GYBM 졸업생들이 100퍼센트 취업에 성공하고 근무하는 회사에서 좋은 평판을 듣는 것은 어쩌면 너무도 당연한 일이었다.

그렇다면 GYBM은 어떻게 이처럼 현지 기업들의 요구에 부합하는 인재 양성 프로그램을 만들 수 있었을까?

먼저 프로그램을 기획하기 전에 현지 기업들이 어떤 인재가 필요한지 사전 조사를 해서 그 결과를 충실하게 반영했기 때문이다. 여기에 수많은 해외시장 개척 경험을 통해 베트남 같은 신흥시장에서 어떤 인재를 필요로 하는지 그 누구보다도 잘 알고 있는 김우중 회장과 대우인들이 운영진이자 교육진으로 포진하고 있었다. 때문에 GYBM은 현지 기업들의 요구에 정확하게 부합하는 교육을 할 수 있었던 것이다. 이러한 측면에서 GYBM의 가파른 성장세는 이미 예견된 것이었다. 이 점에서 나는 다시 한 번 김우중 회장이 얼마나 사업가적 능력과 혜안이 뛰어난 인물인지 절감했다.

철저하게 수요자 맞춤형 인재를 길러내는 GYBM 프로그램은 크게 다섯 가지 영역으로 교육이 진행되고 있었다. 기본 역량, 어학 능력, 글로벌 역량, 리더십 역량, 직무 역량이 그것이다. 기본 역량은 인성, 심성, 자기관리 능력 등을 키우는 데 주력하고, 어학 능력은 영어와 베트남어를 가르친다. 글로벌 역량은 세계경제, 이(異) 문화 교육, 비즈니스 에티켓, 현지 국가의 역사, 법률 등을 교육한다. 리더십 역량은 리더십 함양, 비즈니스 커뮤니케이션 등에 주목하고, 직무 역량은 문서작성 실무, 사업 계획, 재무 회계, 인사 및 노무 관리, 영업 및 마케팅, 무역 실무, 생산 및 품질 관리, 법무 실무 등을 가르친다.

연수생활을 시작해서 끝날 때까지 GYBM의 총 교육 시간은 1,820시간에 이르렀다. 그리고 이 모든 과정은 국내 연수를 포함해 불과 10.5개월 만에 이루어졌다. 교육 시간으로 따지면 4년제 대학을 10.5개월 만에 이수하는 셈이니 GYBM의 강도 높은 교육은 필연적이라고 볼 수 있다.

수업은 거의 대우인들이 진행했다. 그 자신들이 5대양 6대주를 누비며 세계시장을 개척했고, 이러한 경험을 통해 경쟁력 있는 글로벌 인재가 되기 위해서는 어떤 역량을 갖춰야 하는지 너무도 잘 알고 있었기 때문이다. GYBM 연수생들에게 이보다 훌륭한 교육진은 없었다. 그런데 이들은 모두 무보수로 일했다. 특강을 위해 초청된 이들도 따로 수고비를 받지 않았다. 이는 GYBM이 돈을 벌기 위한 영리 목적의 단체가 아니라 한국경제에 튼튼한 성장 동력을 제공하여 국가와 사회 발전에 보탬이 되고자 설립된 애국적 성격을 띤 단체였기에 가능했다.

어려운 여건 속에서도 연수생들에게 연수 과정에 드는 비용을 일절 받지 않는 것도 이와 같은 맥락이었다. 그러니까 GYBM 연수생들은 최상의 교육진이 포진한 4년제 대학 과정을 돈 한 푼 들이지 않고 10.5개월 만에 이수하는 것이나 다름없었다. 이러한 측면에서 나는 GYBM의 젊은이들이 행운아이며, 큰 행운을 누리는 만큼 힘들더라도 이 연수 과정을 충실히 이수해야 할 의무가 있다고 생각했다. 그리고 GYBM이 쾌속 성장해 보다 많은 한국의 청년들이 이러한 행운을 누리기를 간절히 바랐다.

GYBM은 다섯 가지 교육 영역 가운데 어학 능력에 가장 심혈을 기울이고 있었다. 나는 이런 사전 정보를 듣지 않고도 그 사실을 어느 정도 짐작할 수 있었다. 이곳저곳에서 어학, 특히 베트남어 교육에 많은 신경을 쓰고 있음을 느꼈기 때문이다. 특히 베트남 현지 운영 장소이자 교육 장소인 하노이 문화대학의 강의동 풍경은 GYBM이 얼마나 베트남어 교육에 많은 관심을 기울이고 있는지 여실히 보여준다.

다섯째 날 그토록 고대하던 베트남 GYBM의 본거지인 하노이 문화대학을 방문한 나는 이덕모 부원장을 따라 우리 젊은이들이 혹독하게 연수생활을 하고 있는 강의동으로 들어갔다. GYBM 프로그램이 진행되는 하노이 문화대학은 1959년에 설립된 베트남의 대표적인 문화 분야 대학으로, 웬만한 한국 대학 못지않은 시설을 갖추고 있다. 강의실, 도서관, 피트니스 센터, 기숙사 등 모든 시설이 현대식이었고 깨끗했다. GYBM 강의동 역시 내가 생각했던 것보다 훨씬 깨끗하고 시설이 좋았다. 결코 열악하지 않은 환경에서 한국의 젊은이들이 자신의 꿈과 비전을 키우고 있다고 생각하니, 자식을 둔 부모의 입장에서 여간 마음이 놓이는 게 아니었다.

GYBM 연수생들은 이 강의동에서 교육을 받고, 대학 내에 있는 기숙사에서 남자는 네 명, 여자는 두 명이 한 방을 쓰며 생활했다. 한국에서 살아온 지역도, 배경도, 전공도 모두 다른 연수생들이 합숙생활을 하다 보니 어려움이 없지 않았지만 그들은 서로의 다름을 인정하고 존중하며 각자의 꿈을 향해 전심전력을 다하고 있었다.

이덕모 부원장을 따라 강의동 2층으로 올라가자 복도 게시판에 붙어 있는 게시물이 내 눈을 사로잡았다. '2015 Global YBM 5th in Vietnam Test Result', 즉 GYBM 베트남 5기 연수생들의 베트남어 성적표였다. 연수생들의 이름과 함께 베트남어 읽기, 쓰기, 듣기, 말하기 등 분야별 점수와 그 합산 점수, 그리고 등수까지 공개되어 있었다. 심지어 이전 베트남어 시험 등수까지 게시되어 있었다. 요즘은 한국에서 좀처럼 볼 수 없는 풍경이었기에 나는 적잖이 놀랐다. 이로 인해 연수생들이 얼마나 많은 스트레스를 받을지 어느 정도 짐작이 되었다. 아니나 다를까, 내가 만난 수많은 GYBM 젊은이들이 한 치의 망설임도 없이 GYBM의 교육 프로그램 중 가장 어려운 과목으로 베트남어를 지목했다.

"GYBM 교육 과정 중 연수생들이 가장 힘들어하는 과목은 당연히 베트남어입니다. 연수생들에게 아주 생소하기 때문이죠. 특히 초급 때는 성조를 배우면서 다들 어려워합니다. 발음은 물론 듣기도 어려워서 시험을 볼 때마다 많은 연수생들이 스트레스를 받아요. 요령이 있는 학생들은 금방 베트남어를 습득하지만 상당 수의 연수생들이 투자하는 시간에 비해 성적이 잘 나오지 않아서 고민을 많이 합니다."

– GYBM 베트남 5기 고민철

"가장 어려운 건 역시 베트남어입니다. 성조가 여섯 개나 되고 발음도 어려워서 초반에 적응하는 데 애를 먹었습니다."

– GYBM 베트남 4기 오수환

"월요일부터 금요일까지 베트남어 수업을 듣고, 토요일에는 영어 수업을 들어요. 주된 과목은 베트남어인데, 많은 연수생들이 베트남어를 힘들어하는 것 같아요. 우선 언어이기 때문에 공부해도 금방 실력 향상으로 이어지지 않고, 실력이 늘었다고 해도 바로 드러나지 않기 때문인 것 같습니다."

– GYBM 베트남 5기 정화정

베트남어는 영어와 달리 쉽게 접하기 어려운 외국어인 데다 한국어와 어순이 다르고 음절 안에서 나타나는 소리의 높낮이, 즉 성조(聲調)가 있는 언어이기 때문에 배우기가 결코 쉽지 않다. 특히 성조는 베트남어를 배우고자 하는 사람들의 최대 걸림돌이다. 성주에 따라 같은 철자의 단어도 의미가 완전히 달라지기 때문이다. 즉, 평음(계이름 '솔' 음에 가까운 소리)으로 발음하느냐, 올려서 발음하느냐, 내려서 발음하느냐, 감싸서 발음하느냐, 떨어서 발음하느냐, 찍어서 발음하느냐에 따라 똑같은 철자를 가진 단어가 '마귀'가 될 수도 있고, '어머니'가 될 수도 있고, '그러나', '무덤', '타는 말', '논에 심는 모'가 될 수도 있다. 이러한 성조를 베트남어는 무려 여섯 개나 가지고 있다. 성조 때문에 배우기 어렵다는 중국어가 4성조이니 베트남어를 습득하는 것이 얼마나 어려운지 짐작할 수 있을 것이다.

그렇다면 GYBM은 왜 이처럼 어려운 베트남어를 연수생들이 습득하도록 강하게 몰아붙이는 것일까?

의사소통의 도구인 언어를 알지 못하면 일상생활은 물론 사회생활을 하는 데 많은 어려움이 따르기 때문이다. 국경 밖에서 외국어를 모른다고 생각해보라. 상대의 말을 전혀 알아들을 수도 없고, 어떤 의사표현도 할 수 없다. 듣는 것도 말하는 것도 전혀 문제가 없는데 자신의 의지와 상관없이 순식간에 귀머거리가 되고, 벙어리가 되는 것이다. 이에 오래전부터 김우중 회장은 외국어 공부의 중요성을 거듭 강조해왔다. 특히 세계를 무대로 비즈니스를 펼치고자 하는 젊은이들은 반드시 외국어를 익혀야 한다고 말했다. 수많은 외국인들을 상대해야 하는 비즈니스맨이 외국어를 모른다는 것은 무기 없이 전쟁터에 나가는 것과 다를 바 없었기 때문이다. 그런데 단순히 원활한 의사소통을 위해 언어를 익혀야 한다면 국제 공통어인 영어만 습득해도 되지 않을까?

철저하게 현지화하라

영어는 국제 공통어인 만큼 GYBM에서도 그 교육을 소홀히 하지 않았다. 주말에 미국이나 캐나다 원어민들이 진행하는 영어 수업은 물론 평일에는 연수생들이 자체적으로 스터디 그룹을 구성해 한 시간 동안 영어 학습을 했다. 수업은 미국에 유학을 갔다 왔거나 영어를 잘하거나 스스로 영어 수업을 이끌어가고 싶어 하는 연수생들의 주도하에 이루어졌다. 그들은 빡빡한 일정 속에서도 자신이 가진 재능을 기꺼이 동기들과 나누었다. 나는 이런 모습을 통해 눈에 보이지는 않지만 GYBM인들 간의 견고하고 끈끈한 유대관계를 느낄 수 있었다. 이 끈끈함은 졸업 후에도 계속 이어졌다. GYBM의 젊은이들은 졸업 후에도 정기적으로 모임을 갖고 유대관계를 공고히 하고 있었다.

"동기들끼리는 자주 만나고, 분기별로 GYBM 동문회를 열어 선후배 간의 친목을 다지며 정보 교류도 하고 있습니다. 지금은 사회 초년생이라 서로에게 도움이 미비하지만 10년 후에는 정말 많은 도움을 줄 수 있을 거라 생각합니다."

– GYBM 베트남 4기 평준형

GYBM은 결코 영어 교육을 소홀히 하지 않았지만 베트남어에 비할 바는 아니었다. GYBM은 영어는 비교도 되지 않을 정도로 베트남어 교육에 많은 신경을 기울였다. 언어는 단순히 의사소통의 수단이 아니라 그 나라의 문화와 역사, 관습, 정치, 사회적 환경 등을 이해할 수 있는 중요한 통로였기 때문이다. 김우중 회장과 GYBM은 빠른 시간 내에 현지에 적응하고 현지 기준으로 생각할 수 있어야, 즉 철저하게 현지형 인재로 거듭나야 성공의 길이 보인다고 생각했다. 그중에 현지 언어는 현지형 인재가 되기 위해 필수적으로 마스터해야 할 요소라고 보았다.

철저하게 현지화를 해야 크고 많은 기회를 잡을 수 있다는 김우중 회장의 굳건한 믿음은 수많은 해외시장을 개척하며 형성된 것이었다. 그는 해외시장을 개척하는 과정에서 진출 지역의 특성을 철저히 파악해 그에 맞게 사업전략을 펼치지 않으면 큰 성과를 거두기 어렵다는 것을 깨닫고 적극적으로 현지화 전략을 펼쳤다.

해외시장을 공략할 때 무조건 선진국 다국적 기업들을 따라서 하기보다는 그 지역의 문화, 역사, 관습, 사회적 환경 등을 전체적으로 고려하여 비즈니스를 펼쳤다. 그리고 그 전략은 정확하게 맞아떨어져, 대우는 해외시장에서 기적에 가까운 성취를 이루었다. 특히 아프리카에서의 성공은 대우그룹 성장의 새로운 이정표였다고 해도 과언이 아니었다. 이 성과의 근간에 바로 현지화 전략이 있었다. 수단의 타이어 공장은 철저한 현지화 전략으로 아프리카에서 괄목할 만한 결실을 맺은 대표적인 사례라고 할 수 있다.

창립 초기부터 국경 밖에서 살길을 모색했던 대우는 1970년대 김우중 회장의 진두지휘 아래 아프리카시장 개척에 나섰다. 당시 아프리카는 한국과 외교관계를 맺고 있는 국가도 거의 없는 데다 국제사회의 관심 밖에 있던, 그야말로 오지와 다를 바 없는 곳이었다. 그럼에도 김우중 회장이 아프리카로의 진출을 꾀했던 것은 경쟁자가 없는 만큼 큰 성과를 거둘 가능성이 많다고 판단했기 때문이다. 이런 그가 맨 처음 공략한 아프리카 국가는 수단이었다. 우선 일찍부터 수단은 대우의 수출 대상국이었고, 그가 늘 어떤 시장을 공략할 것인가를 정할 때 고려하는 조건 중 하나인 '넓은 땅'을 만족시키는 곳이었기 때문이다. 수단은 아프리카 국가 중 알제리, 콩고에 이어 세 번째로 큰 국토를 가진 나라였다.

그러나 수단 진출은 쉽지 않았다. 사회주의권 비동맹 국가인데다 북한 대사관이 있었기 때문이다. 우리와 대립각을 세우는 북한이 이곳을 선점하고 있었기 때문에 비자를 받는 것도 쉽지 않았다. 이러한 상황에서도 김우중 회장은 결코 포기하지 않았다. 그는 수단 정부가 필요한 것들을 제공해주겠다며 직접 설득 작업에 나섰다. 그리고 우여곡절 끝에 그 결실을 맺어 수단에서 사업을 펼칠 수 있는 기회를 갖게 되었다.

이때 김우중 회장이 수단 정부에게 제공하기로 한 것 중 하나가 타이어 공장이었다. 문제는 당시 대우가 타이어 공장을 세워본 적이 없다는 사실이었다. 그러나 김우중 회장은 타이어 공장을 세울 자신도, 이 프로젝트가 성공할 것이라는 확신도 있었다. 이 확신은 수단의 기후 조건과 자연 환경, 지리적 위치, 인적 자원 등을 전반적으로 고려한 객관적인 판단에서 비롯된 것이었다. 수단은 날씨가 덥고 험한 사막지역이라 타이어가 금방 마모되어 내수시장의 성공이 거의 확실했다. 또한 이집트를 비롯해 아홉 개 국가와 국경을 접하고 있어 타이어 수출을 통해 수익을 창출하기에도 유리했다. 김우중 회장의 이러한 분석은 정확하게 들어맞아 타이어 공장은 대성공을 거두었고, 이 일을 계기로 대우는 수단 정부의 큰 신뢰를 얻어 수많은 사업 기회를 가질 수 있었다. 그 결과 대우는 수단 전체 수출액의 약 15퍼센트를 차지할 정도로 수단 내 최대 외국 기업으로 부상했다. 이러한 기적적인 성취는 현지 국가의 특성을 철저하게 파악하고 그에 맞게 사업을 추진했기에 가능한 일이었다.

김우중 회장은 이러한 현지화 전략이 여전히 유효하다고 생각했다. 자신과 대우가 그러했듯 현지화 전략이 한국의 기업과 젊은이들에게 큰 성공의 기회를 가져다줄 것이라고 확신했다. 그래서 김우중 회장과 GYBM은 연수생들의 현지화 능력을 키우기 위해 베트남어 교육에 만전을 기했던 것이다. 오전은 물론 오후에도 베트남어 수업을 진행했고, 별도로 하노이 문화대학 교수들과 베트남 학생들로 구성된 학습 봉사자에게 베트남어를 익힐 수 있는 기회도 제공했다. 베트남 학생 봉사자들은 GYBM이 연수생들의 학습을 도울 의사가 있는 하노이 문화대학 학생들 가운데 학습 진행이 가능한 사람만을 선발한 모임이었다. 그들은 영어는 물론 한국어도 가능해 연수생들이 초급 과정의 베트남어를 익히는 데 많은 도움을 주었다.

베트남어 능력 향상을 위해 베트남어로 일기 쓰기도 실시했다. 연수생들은 그날 배운 내용을 토대로 일기를 쓰면서 학습한 내용을 다시 복습하고 베트남어와 빨리 친숙해졌다. 또한 하노이 문화대학 교수들과 학습 봉사자들이 이 일기 내용에 첨삭 지도를 해주어 베트남어 능력 향상에도 큰 도움이 되었다. 게다가 일기라는 것 자체가 하루를 정리하면서 자기 자신을 돌아보고 내일을 준비하는 기능을 하기 때문에 연수생들에게 여러모로 의미 있는 작업이었다.

베트남어 능력 향상을 위한 GYBM의 부단한 노력은 비즈니스 현장에서 그 빛을 발했다. GYBM 졸업생들을 고용한 베트남 현지 기업들은 베트남어에 능숙한 이들에게 좋은 평가를 내렸고, 졸업생들 스스로도 큰 만족감을 느꼈다.

"베트남어가 가능하니까 문제가 생겼을 때 직원들에게 무조건 화를 내기보다는 그들의 말에 귀를 기울이게 됩니다. 그러다 보니 자연스럽게 베트남 문화를 이해하려고 노력하게 되고요. 지금 저는 직원들과 어느 정도 교감이 생겨서 어렵지 않게 일을 하고 있습니다."

― GYBM 베트남 3기 유병선

"베트남에서 일을 하려면 베트남어가 필수입니다. 연수 동안 배운 베트남어가 지금 가장 많은 도움이 되고 있습니다. 유창하지는 않지만 기본적인 의사소통은 가능하니까 일하는 데 큰 어려움을 느끼지 않고 베트남 직원들과 친해지는 데도 많은 도움이 됩니다."

― GYBM 베트남 4기 평준형

현지에 뿌리를 내리겠다는 각오

GYBM은 연수생들의 현지화 능력을 키우기 위해 베트남어뿐만 아니라 다양한 교육을 실시했다. 그중 내가 가장 인상적으로 본 것은 다양한 미션을 통해 현지 문화의 이해와 적응성을 높이는 미션 수행 활동이었다. 이때 연수생들에게 부여되는 미션의 주제는 시장 보기, 버스 노선 파악하기, 음식 이해하기, 유행 상품 파악하기 등 실생활과 밀접한 분야에서부터 수준 높은 분야까지 다양했다. GYBM은 경제 · 경영, 정치 · 외교, 사회 · 노동, 역사 · 지리, 과학 · 기술, 문화 · 예절, 행정 · 법률, 컴퓨터 · 정보통신, 레저 · 스포츠 · 여행, 건강 · 보건 · 환경, 교육 · 종교 · 철학, 재테크 · 부동산 · 증권, 친교 등 연수생들에게 매번 다른 미션 주제를 제공해 이를 수행하게 했다.

보통 미션 수행 활동은 특별한 경우가 아니면 GYBM 연수생과 베트남 학생이 2인 1조가 되어 진행됐다. 그 과정 속에서 GYBM 연수생들은 베트남어를 습득하는 것은 물론 현지 문화를 더욱 깊이 이해하고 적응력을 키워나갔다. 또한 베트남 학생들과 친분을 돈독히 쌓음으로써 현지 인적 네트워크를 구축하는 데도 도움이 되었다.

미션 수행 활동은 10개월의 연수 기간 동안 계속 진행됐다. 그러다 보니 졸업할 즈음이 되면 연수생들은 혼자서도 어렵지 않게 베트남 전역을 돌아다닐 수 있을 정도로 베트남 문화에 친숙해졌다. 이렇게 높은 현지화 능력은 직장생활을 하는 데 두고두고 보탬이 되었다. 베트남을 탐방하는 동안 내가 숙소로 묵었던 셰러턴 하노이 호텔에서 마케팅 과장으로 근무하는 최지혜 씨도 그중 한 사람이었다.

GYBM 베트남 1기인 최지혜 씨는 가장 초창기 연수생이었던 만큼 그 어느 기수보다 고생을 많이 했다. 베트남 1기는 하노이 사범대학교가 아닌 하노이에서 다소 떨어진 달랏대학교에서 교육이 진행되었다. 그런데 교육 환경 등이 많이 열악하고 힘들어 최지혜 씨는 연수 기간 동안 남몰래 눈물을 흘린 적이 한두 번이 아니었다. 그러나 이때 강도 높게 교육을 받지 않았다면 중도에 포기하고 한국으로 돌아갔을지도 모른다. 힘들었지만 GYBM 연수 과정을 거쳤기에 그녀는 지금까지 베트남에 남아 자신의 꿈을 하나씩 이루어갈 수 있었다. 특히 GYBM 프로그램 중 현지 문화의 이해도를 높이는 활동은 그녀가 베트남 생활에 적응하는 데 가장 많은 도움이 됐다. 그녀는 연수생 시절 이 활동을 하면서 현지에 대한 좋은 이미지를 갖게 되었다. 그렇게 늘 베트남에 긍정적인 생각을 가지고 있다 보니 직장 동료들에게 타국에서 온 이방인이 아닌 베트남을 좋아하는 한국인으로 받아들여지며 좋은 평판을 얻고 있다. 또한 베트남어까지 구사하다 보니 현지 직원들이 그녀를 더욱 편안하고 가깝게 생각했다.

현재 베트남은 세계의 제조공장 역할을 하던 중국이 인건비 상승 등으로 그 지위가 흔들리면서 중국에서 이전해온 한국 기업의 공장 수가 점점 늘고 있는 상황이다. 하지만 이에 반해 본사와 현지 공장의 가교 역할을 잘할 수 있는 중간 관리자가 턱없이 부족하다. 이 역할을 제대로 수행하기 위해서는 현지어를 구사할 수 있어야 함은 물론 이곳의 환경에 익숙하고 문화를 잘 이해해야 한다. 그런데 본사에서 파견 나온 중간 관리자들은 현지어를 잘하지도 못하고 현지 환경에도 익숙하지 않아 자기 역할을 제대로 수행하지 못하고 조기에 귀국하는 경우가 많았다. 이에 반해 GYBM 졸업생들은 본사에서 파견 나온 관리자와는 비교할 수 없을 정도로 뛰어난 현지화 능력을 갖추고 있었다. 그러니 이들에 대한 현지 기업들의 만족도가 얼마나 크겠는가? 실제로 GYBM 출신 인재들에 대한 기업들의 평판은 매우 긍정적이며, 이러한 인기를 반영하듯 그들을 요구하는 기업이 꾸준히 늘고 있다. 현재는 매년 배출되는 졸업생의 수로는 다 충족하지 못할 정도로 수많은 현지 기업들에서 뜨거운 러브콜을 받고 있다. 이는 GYBM이 연수생들의 현지화 능력을 키우는 데 최선을 다했기에 가능한 일이었다.

김우중 회장은 경쟁력 있는 글로벌 인재가 되기 위해서는 아예 현지에서 결혼까지 해서 정착해 살겠다는 마음으로 철저하게 현지화를 해야 한다고 말했다. 일본이나 중국과 달리 한국 사람들은 유독 금의환향을 하려는 경향이 강한데, 그는 현지에 뿌리를 내리고 살겠다는 마음을 갖지 않으면 성공하기 어렵다고 보았다. 한국에서 하던 습관대로, 한국 기준으로 생각하면 세계 어느 곳을 가든 성공의 길이 보이지 않는다. 철저하게 현지 기준으로 생각하고 모든 체질을 바꿔야 5대양 6대주가 내게 무한한 기회를 제공하는 경제영토가 된다.

그 누가 크게 출세해서 사람들의 열렬한 환영을 받으며 고향으로 돌아가고 싶은 마음이 없겠는가? 이런 마음은 인지상정이다. 그러나 '금의환향'보다 '현지에서 성공해서 이곳에 정착해서 살겠다'는 생각을 가져야 한다. 이러한 각오로 철저하게 현지화를 해야 크고 많은 기회를 잡을 수 있다. 실제로 GYBM의 젊은이들 상당수가 금의환향할 생각을 버리고 현지에서 결혼까지 해서 정착해 살겠다는 마음을 가지고 있었다. 그래서 끊임없이 베트남 문화를 알고자 노력했고, 베트남을 제2의 고향처럼 편안하게 받아들이는 이들도 적지 않았다.

베트남을 잠시 들렀다 가는 곳이 아니라 앞으로 정착해서 살아갈 생활터전으로 삼고 구슬땀을 흘리는 이들이 미래에 거두어들일 결실을 상상해보라. 언젠가 떠나야 할 타국으로 생각하고 일하는 사람과 제2의 고국으로 생각하고 일하는 사람의 절실한 마음과 흘리는 땀의 양은 하늘과 땅 차이다. 그만큼 거두어들이는 결실의 크기도 확연히 다르다. 금의환향할 생각을 버리고 아예 국경 밖에 제2의 조국을 만들겠다는 각오로 노력을 기울여라. 사람이든 일이든 이곳에서 모든 것을 걸어보겠다, 죽을 때까지 여기서 승부를 보겠다는 명확한 목표를 두어야 한다. 그렇게 철저하게 현지에 적응하고 현지 기준으로 생각할 수 있는 능력을 길러야 성공의 길이 분명하게 보인다. 철저한 현지화만이 글로벌 인재를 가능하게 한다는 사실을 결코 잊지 말기 바란다.

06 ── 글로벌 기업가정신을 장착하라

평생을 책임지겠다는 마음으로

나는 베트남에서 매일 저녁 김우중 회장과 GYBM 김준기 원장 및 후원자들과 함께 식사하며 많은 이야기를 나눴다. 이는 김우중 회장의 배려가 없었다면 불가능한 일이었다. 그는 바쁜 와중에도 내게 조금이라도 더 도움을 주기 위해 물심양면으로 애썼다. 베트남 일정 넷째 날에는 나와 함께 직접 GYBM 졸업생들이 일하는 회사를 방문하는 수고도 아끼지 않았다.

김우중 회장과 내가 넷째 날에 방문한 회사는 하남성에 위치한 YIC, 드림플라스틱스, JY하남, 알텍21이었다. 이날은 김우중 회장이 함께하는 만큼 다른 날보다 일찍 일어나 만반의 준비를 하고 든든하게 배를 채우기 위해 호텔 내 식당으로 내려갔다. 그런데 식사 도중 이덕모 부원장에게 문자가 왔다. 김우중 회장이 이미 호텔에 도착해 로비에서 기다리고 있다는 내용이었다. 출발 시간이 되려면 아직 여유가 있어 느긋하게 식사를 하던 나는 대충 마무리하고 로비로 향했다. 그곳에 도착하자 노란색 셔츠에 재킷을 입은 김우중 회장이 나를 반갑게 맞이했다.

"박 교수, 어제 잘 잤어요? 피곤하지는 않아요?"

내가 웃으며 피곤하지 않다고 말하자 김우중 회장은 곧바로 이덕모 부원장에게 출발하자고 얘기하고는 앞장서서 밖으로 나갔다. 그 뒷모습을 보고 있노라니 새삼 김우중 회장과 함께 우리 젊은이들이 밝은 미래를 꿈꾸며 구슬땀을 흘리는 회사를 방문하는 내 자신이 엄청난 행운아라는 생각이 들었다. 한국 기업사를 대표하는 전설적인 인물과 함께 한국경제의 밝은 미래를 준비하는 역사적인 현장을 탐방하게 되었으니 그 마음이 얼마나 기쁘고 감격스러웠겠는가? 그 감격의 크기만큼 긴장감도 컸다. 그래서 나는 긴장도 풀 겸 김우중 회장에게 "회장님, 멋쟁이시네요?"라고 말하며 그의 남다른 패션센스를 언급했다. 그러자 그는 내 칭찬이 그리 기분 나쁘지 않았던 듯 여느 때와 다름없이 빙그레 미소를 지었다.

　내가 만난 김우중 회장은 마음에 들면 아무 말 없이 미소를 짓는 것으로 의사표현을 했다. 이러한 모습을 자주 목격할 수 있었던 순간은 GYBM의 젊은이들과 함께 있을 때였다. 나는 이 모습을 통해 그가 얼마나 GYBM의 젊은이들을 사랑하고 이들의 활약에 크게 만족해하는지 느낄 수 있었다. 그는 70세를 훌쩍 넘은 나이에 한국의 젊은이들에게 꿈과 희망을 심어주고자 과감히 GYBM이라는 결코 쉽지 않은 도전을 시작할 정도로 이들에 대한 사랑이 깊었다. 그러니 자신과 함께 보폭이 크든 작든 미래로 전진하기 위해 노력하는 이들의 모습이 얼마나 기특하고 대견하겠는가?

　한국의 청년들에 대한 사랑이 남다른 만큼 김우중 회장이 GYBM을 성공시키기 위해 쏟는 노력은 실로 대단했다. 그는 연수생들의 선발부터 이들이 교육 과정을 마치고 회사에 취직해 안정적으로 자리를 잡을 때까지, 아니 평생을 책임지겠다는 마음으로 아낌없이 지원했다. 그들이 글로벌 인재로서 활발하게 비즈니스를 펼쳐 성공의 길로 갈 수 있도록 혼신의 힘을 다해 도왔다. GYBM에서는 대우 출신 인사들을 중심으로 연수 기간뿐만 아니라 취업 후에도 지속적으로 GYBM 젊은이들을 멘토링하고 있었다. 그중 누구보다도 가장 열심히 멘토링을 하는 사람이 바로 김우중 회장이었다. 그는 GYBM을 이끄는 수장으로서, 국내에서 가장 빨리, 가장 멀리 해외시장 개척에 나섰던 개척자이자 선구자로서, 베테랑 경제·경영 전문가로서, 그리고 인생선배로서 GYBM의 젊은이들에게 따뜻한 조언과 격려를 아끼지 않았고 이들을 위해서라면 최선의 노력을 다했다.

그는 GYBM의 젊은이들이 좀 더 발전 가능성이 높고 자신의 적성에 맞는 회사에 취직해 꿈을 마음껏 펼칠 수 있도록 수시로 현지 기업들에게 채용 추천 의뢰서를 받았다. 그러는 한편, 연수 기간 동안 연수생들의 성향 및 업무 역량 등을 면밀하게 분석하여 연수 종료 3개월 전부터 회사 매칭 작업에 들어갔다. 또한 연수생과 회사 간에 상호 매칭 작업이 끝나면 근로조건 등을 꼼꼼하게 체크하고, 사전에 김우중 회장이 직접 GYBM의 젊은이들을 고용할 회사들의 대표를 만나 면담도 실시했다. 이때 그는 회사 대표가 어떤 사람인지 세심하게 살펴보는 것은 물론 GYBM의 젊은이들이 훌륭한 인재로 성장하도록 도와줄 것을 당부하고 또 당부했다.

졸업생들이 취직한 후에도 김우중 회장의 사후 관리는 계속되었다. 그는 한 달에 한 번씩 졸업생들과 점심식사를 하며 이들이 중도에 포기하지 않고 끝까지 자신의 꿈을 이뤄갈 수 있도록 고민을 들어주고 조언과 격려를 아끼지 않았다. 또한 일이 적성에 맞지 않아 귀국하려는 젊은이들이 있으면 방관하지 않고 함께 어려움을 풀어나가려 노력했다. 그리고 어떤 이유로든 졸업생들이 회사를 그만둔 후 재취업 의사가 있으면 그 기회를 제공했다.

현재 베트남 한국 진출 기업 에버피아에서 근무하는 베트남 3기 유병선 씨도 이러한 케이스 중 하나였다. 그는 GYBM 졸업 후 취직에 성공했으나 우여곡절 끝에 입사한 지 3개월 만에 회사를 그만두고 재취업을 위해 GYBM을 다시 찾았다. 이에 김우중 회장과 GYBM은 기꺼이 그가 재취업할 수 있는 회사를 알아보았고, 그렇게 들어간 회사가 현재 다니고 있는 에버피아였다. 에버피아는 베트남 내수시장에서 가장 높은 시장 점유율을 기록한 침구류 브랜드 '에버론EVERON'을 생산하는 건실한 기업이다. 더운 나라인 베트남에서 별로 필요 없는 침구류를 팔겠다는 역발상 현지화 마케팅으로 큰 성공을 거둔 에버피아는 한국 기업 최초로 베트남 증시에 상장했다. 지금도 에버론은 베트남의 국민 침구류 브랜드로 손꼽히며 큰 인기를 얻고 있다. 실제로 나는 하노이 거리 곳곳에서 에버론 광고판을 어렵지 않게 목격했다.

유병선 씨가 이러한 회사에 재취업할 수 있었던 것은 그가 원하는 일이 나무를 다루거나 가구, 요트를 제작하는 것이었기 때문이다. 김우중 회장과 GYBM은 그의 이러한 바람과 능력을 적극 반영하여 침구류 및 가구를 생산하는 에버피아와 연결을 시켰던 것이다. 그는 이곳에서 맡은 일을 성실히 수행하며 자신의 미래를 차근차근 만들어나가고 있다.

미래의 청년 사업가를 위한 창업 펀드

GYBM은 도전정신이 남다른 해외지향형 젊은 인재들을 비즈니스맨으로서 또는 사업가로서 현지 국가에서 활발하게 경제활동을 할 수 있도록 도움을 주고자 설립된 곳이다. 그런 만큼 연수생들의 취업뿐만 아니라 창업에도 많은 신경을 기울였다. 그러나 김우중 회장은 연수생들이 당장 창업을 하는 것을 그리 추천하지 않았다.

"창업이 많이 이루어져야 경제가 발전하겠지만 나는 학생들이 바로 창업하는 것보다 취업 현장에서 먼저 충분히 경험을 쌓기를 권해요. 학생 시절 가지고 있던 아이디어 중에 사업 현장에 적용할 수 있는 것은 사실 그렇게 많지 않거든요. 그리고 사업을 하려면 아이디어만 가지고 되는 것이 아니라 다양한 인간관계도 필요하고 기업이라는 조직이 실제로 어떻게 돌아가는지도 알아야 합니다. 또 자금도 필요하고 실무 능력도 있어야 해요. 그래서 나는 GYBM 학생들에게 일단 취업을 한 뒤에 10년쯤 지나 창업해도 늦지 않다고 얘기해요. 나는 직장을 다니고 5년 만에 창업을 했지만 지금은 평균 수명이 늘어나서 사람들이 더 늦게까지 일할 수 있어요. 그러니 기업 안에서 좀 더 많은 것을 배우고 저축한 뒤에 창업하는 것이 좋다고 생각합니다. 10년간 열심히 일하고 배운 다음에 그 회사를 키워나가는 중역이 될지, 아니면 창업할지 결정해도 늦지 않아요. 사실 창업만 중요한 게 아닙니다. 자기가 일하는 회사의 중역이 되어서 그 회사를 잘 키워나가는 것도 창업 못지않게 중요한 일입니다."

사실 GYBM의 젊은이들 가운데 애초에 해외 창업에 목표를 두고 도전한 이들이 많았다. 때문에 되도록 빨리 창업하기를 바라는 이들이 대다수였다. 하지만 연수 기간 동안 김우중 회장을 비롯한 수많은 멘토들에게 준비되지 않은 창업의 낮은 성공률과 위험성을 들으면서 창업을 뒤로 보류했다. 대부분 김우중 회장의 조언대로 10년 정도 직장생활을 하면서 창업에 필요한 자금과 역량을 충분히 갖춘 뒤에 사업가의 길을 가겠다고 마음먹었다. 이에 김우중 회장과 GYBM은 연수생들에게 획기적인 제안을 했다. 취직한 GYBM 젊은이들의 월급이 5만 달러(약 5,800만 원)를 넘으면 그 돈의 10퍼센트를 창업지원기금을 마련하는 데 내놓자는 것이었다. 즉, GYBM 펀드를 만들자는 얘기였다. GYBM 출신 중에 창업하려는 사람이 있을 때 이 펀드에서 30퍼센트를 투자하고, 창업하는 당사자가 30퍼센트를 투자하고, 나머지는 GYBM 펀드를 담보로 은행에서 대출을 받으면 큰 어려움 없이 창업할 수 있다는 것이 김우중 회장과 GYBM의 생각이었다. 물론 창업이 성공했을 때 그 이익금은 투자한 이들에게 공평하게 분배된다. 즉, 펀드를 만들어 GYBM 출신들의 창업을 지원하고 이익이 생기면 나누어 갖는 것이 GYBM 창업지원기금의 운영 구조였다.

GYBM 펀드는 자신들이 낸 투자금으로 성공했을 때 그 이익을 취하는 시스템이 있기 때문에 창업한 회사에 대한 펀드 투자자들의 관심과 지원을 이끌어내는 데 매우 유리했다. 즉 창업지원금을 받아 사업하는 젊은이들이나, 펀드를 통해 이 회사에 투자한 젊은이들이나 사업의 성공을 위해 의기투합하기 쉬운 만큼 창업의 성공률도 높아진다. 때문에 창업지원기금 마련은 이래저래 GYBM의 젊은이들에게 유익한 일이라는 생각이 들었다.

글로벌 기업가정신

창업지원기금 마련과 함께 젊은이들을 위해 김우중 회장과 GYBM이 많은 관심을 기울이는 부분은 글로벌 기업가로서의 역량과 정신을 배양시키는 일이었다. 특히 이들은 글로벌 기업가로서 갖춰야 할 정신, 즉 글로벌 기업가정신을 함양하는 데 각별한 신경을 썼다. 남들보다 월등한 사업 역량을 갖췄다고 하더라도 올바른 기업가정신이 없다면 기업은 물론 국가성장을 제대로 이끌지 못한다고 생각했기 때문이다.

실제로 한국경제 성장의 근간을 만들었다고 해도 과언이 아닌 대우의 김우중 회장과 삼성의 이병철 회장, 현대의 정주영 회장에게 '사업보국事業報國'의 기업가정신이 없었다면 우리는 지금과 같은 경제성장을 이루지 못했을 것이다. 그런데 안타깝게도 현재 한국 사회는 기업가정신을 가지고 창업과 사업을 하는 사람들을 찾아보기 힘들다. 한국경제가 활력과 역동성을 잃고 침체의 늪으로 빠져들고 있는 것은 결코 이와 무관하지 않다. 따라서 김우중 회장과 GYBM은 한국의 미래를 짊어지고 나갈 우리 젊은이들이 반드시 기업가정신을 장착해야 한다고 생각했고, 이를 고취하기 위한 노력을 아끼지 않았다.

그렇다면 김우중 회장과 GYBM은 한국의 청년들이 진정한 글로벌 기업가가 되기 위해 어떤 정신을 갖춰야 한다고 생각할까? 이들이 지향하는 기업가정신은 무엇일까?

김우중 회장과 GYBM은 무엇보다도 기업가로서 현실이나 작은 소유에 안주하지 않고 끊임없이 무언가를 창조하고 시도하는 창조정신과 도전정신이 있어야 한다고 생각했다. 과거 대우가 그랬듯 기업가가 남들이 하지 않은 일을 생각해내고, 새로운 결합을 통해 혁신을 이끌어내고, 아무도 가지 않은 길에 도전하는 창조정신과 도전정신을 갖추고 있다면 어떤 어려움도 극복하고 큰 성취를 이룰 수 있다고 보았다.

또 하나는 기업가로서 사회적 책임을 다하는 정신이었다. 기업가는 기업의 존립과 성장을 위해 무엇보다 이윤 창출에 힘써야 하지만 이에 못지않게 사회적 책임도 다해야 한다고 생각했다. 개인의 영달이나 기업의 이윤 추구에만 집중하는 기업가는 스스로의 삶에 만족감을 느끼지도 못할뿐더러 기업을 크게 키우기도 어렵다고 보았다. 나라 전체, 세상 전체를 생각하고 더 좋은 나라와 세상을 만들기 위한 사회적 책임을 다하겠다는 마음을 가질 때 창조적이고 혁신적인 아이디어가 떠올라 더 큰 사업을 일으킬 수 있다고 생각했다. 김우중 회장이 바로 그 산증인이었다. 그는 누구보다도 기업가로서 사회적 책임을 다하기 위해 노력했다. 그리고 그 과정 속에서 남들이 보지 못한 것을 창조해내고 도전하면서 기적적인 성취를 이루었다.

'50 대 50 원칙'은 그가 얼마나 사회적 책임을 다하고자 노력했던 기업가였는지 단적으로 보여주는 예다. 그는 대우그룹을 이끌 때 국내뿐만 아니라 해외 신흥국 시장에서도 사업을 통해 얻은 이익금 중 무려 50퍼센트에 이르는 돈을 뚝 떼어 해당 국가의 사회복지 기금으로 내놓았다. 그가 해외에서 힘들게 번 돈의 절반을 아낌없이 현지 국가에 내놓았던 이유는 무엇일까? 대우가 하는 일이 현지 국가에 이득이 된다는 점을 부각시켜 더 많은 사업 기회를 얻고자 하는 목적도 있었지만, 기업의 이익은 사회의 이익과 공존해야 한다는 그의 기업가정신에서 비롯된 행동이었다. 사회적 책임을 다하려는 그의 기업가정신이 50 대 50 원칙이라는 획기적인 경영철학을 낳은 것이다. 이 경영철학은 남들이 보지 못한 기회를 발견하게 만들어 대우가 거대 그룹으로 성장하는 데 결정적인 역할을 했다.

김우중 회장은 희생도 기업가가 마땅히 갖춰야 할 정신이라고 생각했다. 개인적인 영달과 안락함을 포기하고 기업의 발전, 국가의 발전을 위해 희생적으로 일하겠다는 마음자세가 없는 기업가는 조직의 리더가 될 자격이 없다고 보았다. 그는 사생활은 물론 심지어 가족의 행복까지도 희생할 수 있는 사람만이 한 조직을 이끄는 리더가 될 수 있다고 생각했다. 실제로 그는 가족들과 함께 여름휴가 한번 제대로 가보지 못했을 정도로 기업과 국가경제의 발전을 위해 그 어떤 희생도 마다하지 않던 사람이었다.

대우가 한국 최초로 해외시장 개척활동을 통해 괄목할 만한 성과를 거두는 것을 보고 국내 기업들이 앞다투어 해외에 진출하면서 문제가 발생한 적이 있었다. 이때 대우가 취한 자세는 국가경제 발전을 위해서 그 어떤 희생도 기꺼이 감수했던 김우중 회장의 기업가정신을 여실히 보여주는 대표적인 사례다. 당시 국내 기업들이 너도나도 해외시장으로 진출하면서 우리 기업끼리 제 살 깎아먹기의 과다경쟁을 펼쳐 수익률이 떨어지는 문제가 자주 발생했다. 이때마다 대우는 가급적 손익을 따지지 않고 그 기회를 기꺼이 다른 업체에게 양보했다. 그것이 곧 국가와 민족을 위한 일이라고 생각했기 때문이다. 다음은《김우중과의 대화》에 실린 그의 이야기다.

"대우는 해외에 나가서 국익을 위해 양보한 게 많아요. 리비아 같은 곳에 우리가 먼저 해외건설을 개척해서 나가면 그 후에 로비해서 뚫고 들어오는 회사들이 있어요. 다른 데서 우리 대기업들 간에 덤핑하는 것도 문제였고요. 그런 일이 있으면 우리가 웬만하면 양보했어요. 한국 기업들이 해외에 많이 진출하고 같이 잘되면 나라에 좋은 거라고 실무자들을 설득하기도 했어요. 기업들이 해외에 나가서도 국익에 대한 개념을 갖고 사업을 해야 해요. 단기석으로 내 이익만 올리겠다고 하면 그런 생각이 없게 되지요. 그렇지만 장기적으로 보면 진출 국가의 입장도 고려해주고 내 나라 국익도 함께 생각하면서 같이 좋아지는 방안을 찾는 것이 기업 이익에도 더 도움이 돼요."

– 《김우중과의 대화》

해외시장뿐만 아니라 국내시장에서도 마찬가지였다. 대우실업을 창립하고 섬유제품을 활발하게 수출하던 당시, 회사 직원들이 국내시장에도 물건을 팔자고 제안했다. 국내시장에서도 사업을 하면 그만큼 많은 수익을 올릴 수 있었기 때문이다. 그러나 김우중 회장은 이 제안을 단칼에 거절했다. 국내시장에서 장사를 해 봤자 큰 이익이 남지도 않을뿐더러 열악한 중소기업들을 더욱 어렵게 만드는 일이라고 생각했기 때문이다. 그는 중소기업들을 보호하고 육성해야 국가경제가 발전할 수 있다고 보았다. 그래서 대기업과 중소기업들 간에 갈등이 생기면 늘 중소기업 편에 섰다. 수출을 할 때도 처음부터 보유하고 있는 수출쿼터를 모두 쓰지 않고 중소기업들이 제대로 가격을 받고 해외에 먼저 물건을 팔 수 있도록 양보하고 배려했다.

이윤 추구가 주요 목적인 기업 경영자라는 점을 생각할 때 이러한 행동은 언뜻 이해가 되지 않는다. 그러나 김우중 회장에게 기업 활동은 단순히 이윤과 매출을 늘려 조직을 성장시키는 것이 아니었다. 그는 누구보다 기업을 크게 키우려는 야심이 넘치던

경영자였지만, 그의 경영철학 밑에는 늘 국익이 자리하고 있었다. 경영자로서 그에게 기업의 이익은 무엇보다 중요했지만 그만큼 국익도 중요했다. 그래서 그는 기업과 국가발전을 동시에 추구하며 대우를 이끌었고, 둘 중 어느 하나를 선택해야 하는 순간이 오면 늘 국가발전을 택했다.

그는 기업의 '사회적 책임'을 무엇보다 중요하게 생각하는 기업가였다. 그가 말하는 사회적 책임이란 일단 기업의 이익에 주력해 많은 돈을 번 다음 그 돈을 사회에 환원하는 것이 아니라 사업을 하면서 동시에 사회적 책임을 다하는 것을 의미했다. 즉, 사회에 당장 필요한 일이 있으면 기업의 이익을 포기하는 것은 물론 기업가의 사재를 털어서라도 그 일을 수행하는 것이 그가 생각하는 기업의 사회적 책임이었다. 때문에 내가 이런 질문을 던졌을 때 그는 한 치의 망설임도 없이 이렇게 대답했다.

"회장님, 한국경제 발전에 회장님과 대우가 어떤 역할, 어떤 공헌을 했다고 생각하십니까?"

"대체로 역사는 승자의 편에서 기록되니 대우가 해체되는 순간 역사에서 정당한 평가를 받기는 어렵게 됐어요. 하지만 대우는 진취적으로 새로운 시도, 도전을 많이 했어요. 해외시장 개척도 가장 많이 했고요. 그 과정에서 한국 정부가 수교하지 않은 사회주의 국가들과 외교관계를 맺을 수 있게 도와주기도 했습니다. 세계경영도 대우가 가장 앞장서서 신흥시장을 개척한 것이라고 할 수 있어요. 사회주의 국가들이 체제전환을 하고 자본주의 경제를 받아들일 때 다른 어느 나라의 다국적 기업들보다 대우가 먼저 들어가서 국가경제 발전을 도왔던 거지요. 우리 대우 사람들이 그냥 돈만 벌겠다고 그 어려운 일들을 한 게 아니에요. 국가 발전과 다음 세대에 도움이 된다고 생각했기 때문에 희생정신으로 열심히 새로운 시장을 개척한 것입니다."

김우중 회장은 사훈에 '희생'을 넣었다. 희생정신 없이는 기업의 발전도, 국가의 발전도 없다고 굳게 믿었기 때문이다. 이러한 믿음은 수많은 경험을 통해 형성됐다. 그는 젊은 시절부터 해외에 나가 사업을 했고, 그 과정 속에서 국력이 약하다는 이유로 많은 괄시와 푸대접을 받았다. 대우에 신뢰를 가지고 있어도 '한국'에 뿌리를 둔 기업이라는 사실 때문에 많은 불이익을 받아야 했다. 이 경험을 통해 그는 이러한 깨달음을 얻었다고 한다.

"해외로 나가면 대우에 신뢰는 있는데 한국 기업이기 때문에 불이익을 많이 받았어요. 이때마다 우리나라가 선진국이 되지 않고는 대우가 선진화할 수 없다는 것을 계속 느꼈지요. 나라가 잘 살아야 해요. 그래야 기업도 클 수 있어요."

국가가 부강하지 못하다는 이유로 타국에서 많은 설움을 당하면서 국가발전을 위하는 일이 곧 기업과 국민 개개인을 위한 일이라는 믿음을 갖게 된 김우중 회장. 그 믿음은 우리나라를 반드시 잘사는 나라, 선진국으로 만들겠다는 오기와 신념으로 이어졌다. 그는 기필코 이루고야 말겠다는 굳은 각오로 지독하게 일에 매달리고 또 매달렸다. 국가가 부강해지고 위상이 높아질 수만 있다면 그 어떤 것도 희생할 각오가 되어 있었고, 자신뿐만 아니라 한국 사회 전체가 이러한 희생정신을 가져야만 한국의 미래가 희망적이라고 굳게 믿었다. 때문에 그는 대우그룹 사훈에 '희생'을 넣었고, 모든 대우인들에게 국가발전을 위해 희생정신을 발휘할 것을 당부하고 또 당부했다.

대우인들은 그 말을 가슴에 새기고 희생정신 없이는 결코 해낼 수 없는 눈부신 성취를 이루었다. 그들은 단 한순간도 나태해질 수도, 자신만을 생각할 수도 없었다. 자신들을 이끄는 김우중 회장보다 국가발전을 위해 그 어떤 희생도 마다하지 않는 사람은 없었기 때문이다. 최고 수장이 나라를 위해 모든 것을 내던지는데, 그를 따르는 대우인들이 어떻게 자신의 영달과 안위만을 생각할 수 있었겠는가.

"우리나라를 반드시 잘사는 나라, 선진국이 되게 하겠다는 오기가 생기니까 계속 이 일을 이루고야 말겠다는 다짐을 하게 됐어요. 그러다 보니 잠을 자거나 밥 먹는 시간도 아까웠어요. 전세계를 누비며 하루라도 빨리 발전된 나라를 만드는 꿈을 꾸면서 살았어요. 열심히 일하는 것이 애국이고 수출하는 것이 애국이라 생각하며 정말 열심히 살았습니다."

기업가정신은 한마디로 정의할 수 없을 만큼 매우 추상적이고 복잡한 개념이다. 그러나 어느 시대, 어떤 상황에서든 기업가가 마땅히 갖춰야 할 본질적인 정신은 크게 다르지 않다. 기업의 생존을 포기할 수 없는 만큼 이윤 창출에 힘쓰면서도 사회적 책임을 잊지 않는 것이 예나 지금이나 변하지 않는 기업가정신이다. 이윤 창출과 사회적 책임이라는 두 가지 요건이 전제돼야만 올바른 기업가정신이라고 할 수 있다. 이러한 점에서 김우중 회장은 한국 사회가 기업가정신의 표본으로 삼아도 될 만큼 매우 모범적인 인물이다. 그는 미래를 내다보는 통찰력을 가지고 '세상에 아직 가보지 않은 길', '아무도 하지 않은 일', 즉 새로운 것에 끊임없이 도전하여 놀라운 이윤을 창출해 단기간에 대우를 국내 5대

재벌이자 신흥국 출신 세계 최대 다국적 기업으로 성장시켰다.

그와 동시에 기업의 이익에 반한다 할지라도 국익에 도움이 된다면 그 어떤 일도 마다하지 않았다. 이러한 기업가정신을 가지고 창업을 하고 회사를 운영하는 기업이 늘어난다고 생각해보라. 어떻게 한국경제가 성장하지 않을 수 있고 국가의 위상이 높아지지 않을 수 있겠는가. 그래서 김우중 회장은 GYBM의 젊은이들을 교육시킬 때 무엇보다도 기업가정신을 강조하고 이를 고취시키기 위한 노력을 아끼지 않았다. 그는 기업가정신으로 무장한 젊은 인재들을 양성해 국가발전에 반드시 기여하겠다는 큰 포부를 가지고 GYBM에 온 힘을 쏟고 있었다.

어느 기업인이 이런 말을 했다.

'국가의 경쟁력은 기업에서 나오고, 기업의 경쟁력은 기업가정신에서 나온다.'

즉, 기업가가 어떤 자세와 정신을 가지고 기업을 운영하는가는 기업을 넘어 국가의 성장과 발전에 지대한 영향을 미칠 만큼 중요한 요소다. 때문에 앞으로 대한민국의 미래를 짊어지고 나갈 젊은이들이 사업가로서 어떤 정신과 자세로 비즈니스를 펼치느냐에 따라 기업은 물론 국가경제의 미래가 달라진다. 우리 젊은이들이

'성취'가 아니라 '소유', '공익'이 아니라 '사익'에 초점을 두고 기업을 운영한다면 기업과 국가, 더 나아가 인류의 미래는 결코 희망적일 수 없다. 따라서 기업과 국가, 인류 발전에 기여하는 진정한 글로벌 기업가가 되기 위해서는 그저 돈을 많이 벌어 자기 배를 채우겠다는 알량한 소유욕과 사욕, 편협한 이기주의를 버려야 한다. 그리고 자신과 더불어 사는 모두와 함께 번영, 발전하겠다는 정신과 자세를 가지고 비즈니스를 펼쳐야 한다.

이러한 올바른 기업가정신을 가질 때 사회와 국가가 더 좋아지고, 세상이 더 나아진다. 올바른 기업가정신을 갖기 위해 최선의 노력을 다하라. 국경 안에서든 밖에서든 김우중 회장처럼 기업을 성공적으로 이끌며 국가와 인류 발전에 이바지하는 기업인이 되려면 기업가정신을 반드시 갖춰야 한다. 세상으로부터 그저 돈을 많이 번 기업가로 불리느냐, 찬사와 존경을 받는 기업가가 되느냐는 이 기업가정신에 달렸다. 노력하고 또 노력하면 얼마든지 인류 발전에 공헌하고 세상에서 존경받는 훌륭한 기업가가 될 수 있다. 여전히 많은 사람들에게 위대한 기업가로 인정받는 김우중 회장처럼 말이다.

아직 늦지 않았다, 도전하라!

베트남에서 나는 하루 24시간이 어떻게 흘러갔는지 모를 정도로 바쁜 나날을 보냈다. 이른 아침부터 늦은 저녁까지 수많은 베트남 진출 한국 기업을 방문하고 그곳에서 열심히 일하는 많은 한국의 젊은이들을 만났다. 그러나 그 과정이 전혀 힘들지 않았다. 한국경제의 미래가 결코 어둡지 않다는 것을 오감으로 느끼고 확인하는 의미 있고 즐거운 시간이었기 때문이다. 국경 밖에서 밝은 미래를 위해 전력 질주하는 우리 기업들과 젊은이들의 모습은 더없는 기쁨과 감동으로 다가왔다. 그리고 그 울림이 커질수록 새삼 국경 밖에서 한국의 젊은이들을 글로벌 인재로 육성시켜 구인난에 허덕이는 우리나라의 해외 진출 기업에 소개해, 한국의 젊은이들뿐만 아니라 한국 기업들, 더 나아가 한국경제까지 윈윈(win-win)하게 만들겠다는 기발한 발상을 한 김우중 회장의 혜안에 크게 감탄했다. 또한 생각에만 그치지 않고 이를 현실화시킨 그의 도전정신과 추진력, 그리고 GYBM을 통해 100만 명에 이르는 글로벌 인재를 양성해서 한국을 화교나 유대인들처럼 강력한 글로벌 네트워크를 갖춘 국가로 만들겠다는 그의 원대한 비전과 포부에도 다시 한 번 감탄했다. 예나 지금이나 그는 크게 꿈꾸고, 그 꿈을 이루기 위해 어떤 도전도 마다하지 않는 진정한 도전자이자 개척자였다.

2015년 11월 10일부터 15일까지 6일간 GYBM을 탐방하면서 내가 분명하게 깨달은 사실 하나가 있다. GYBM은 당장은 고생스럽지만 미래에 대한 꿈과 비전을 가지고 자신의 잠재력과 가능성을 마음껏 펼치고 싶은 한국의 젊은이들이 청춘이라는 이름으로 도전해볼 만한 가치가 충분히 있는 프로그램이라는 것이었다. 그러다 보니 아직 많은 한국의 젊은이들이 GYBM에 대해 잘 알지 못하고 있다는 사실에 큰 안타까움을 느꼈다. 특히 김우중 회장의 마음은 더더욱 그러했다. 그도 그럴 것이 평생 대한민국의 젊은이들을 지극히 사랑하던 그가 청년 실업으로 고통받는 우리 젊은이들에게 조금이나마 보탬이 되고자 시작한 도전이 바로 GYBM이 아닌가. 때문에 GYBM을 성공시켜 하나의 모범적인 성공 사례를 만들겠다는 그의 마음은 누구보다 간절했다. 그래서 그 간절한 마음을 담아 기회가 있을 때마다 젊은이들에게 하나라도 더 희망적인 메시지를 전달하고자 노력했다. 그 가운데 내 가슴에 깊이 각인된 메시지가 '지금 준비해도 늦지 않다'는 것이었다. 김우중 회장은 조금이라도 빨리 해외시장에 나갈수록 그만큼 많은 성공의 기회를 잡을 수 있지만, 지금부터 준비해서 나가도 얼마든지 우리 젊은이들이 자신의 미래를 희망적으로 만들어갈 수 있다고 말했다. 그 이유는 무엇일까?

"요즘 수명이 굉장히 빠르게 늘고 있어요. 지금 젊은이들은 아마 100세 넘게 살 거예요. 내가 그들 나이일 때가 60년대인데 그때는 우리나라 평균 수명이 60세가 안 됐어요. 그사이에 20년이 늘었으니 지금 젊은이들은 당연히 100세를 넘게 산다고 봐야 합니다. 그렇다는 것은 시간이 충분하다는 얘기가 돼요. 내 세대보다 시간적으로 40년 이상 여유가 생긴 것이니 서두를 필요가 없어요. 아마 머지않아 정년도 70세, 75세로 연장될 거예요. 세상이 이렇게 바뀌었는데 근본적으로 생각을 바꿔야 합니다. 천천히 잘 준비해서 시작하면 돼요. 나는 많은 젊은이들이 창업에 나서고 해외로 나가기를 간절히 바랍니다. 절실하게 노력하고 도전하면 얼마든지 가능해요."

지금 준비해도 늦지 않다는 그의 말은 사회 일선에서 물러난 시니어들에게도 그대로 적용됐다. 은퇴를 한 시니어들은 한국 사회에서 퇴물 취급을 받고 있지만 그는 그들이 가진 역량을 높이 샀다. 그들의 역량이면 해외에서 얼마든지 많은 기회를 만들어낼 수 있고, 국가경제에도 큰 보탬이 될 수 있다고 생각했다.

"나는 이미 자신감과 경험을 갖춘 시니어들이 그 역량을 제대로 활용할 기회를 갖지 못하는 게 늘 안타까웠어요. 이들이 가진 경험과 능력은 기업뿐만 아니라 국가경제에 매우 중요한 자산이에요. 따라서 기업은 인건비 줄이겠다고 이들을 빨리 내보내는 대신 오래 일하게 해야 하고, 제도적으로 이들의 노하우를 활용할 수 있게 만들어줘야 해요. 이러한 경쟁력을 갖춘 사람들이 일하지 않고 몇 년만 놀면 그 경쟁력은 다 사라져버립니다. 이 얼마나 개인적으로도 국가적으로도 안타까운 일입니까? 이러한 점에서 시니어들 스스로도 정부에만 의존하지 말고 홀로 서겠다는 마음을 가져야 해요. 국내에서 기대 수준을 낮춰 오래 할 수 있는 일을 찾거나 해외로도 눈을 돌려야 해요. 시니어들은 우리나라의 고도 성장기에 많은 기회를 가졌고, 그 경험과 노하우가 축적되었기 때문에 지금 동남아와 같은 신흥국에서 얼마든지 경쟁력이 있어요. 신흥국에서는 시니어들이 가진 능력이 굉장히 많이 필요하거든요. 가서 좀 고생하겠다고만 생각하면 얼마든지 기회가 있어요. 그러면 자신들도 떳떳하고, 정부의 부담도 줄일 수 있고, 청년들과 함께 일을 해서 기회를 만들어낼 수도 있으니 얼마나 좋습니까? 이렇게 많은 사람들이 해외로 나가고, 그중에 20~30퍼센트만 성공해도 국가경제에 큰 보탬이 될 것입니다."

실제로 김우중 회장은 한국의 젊은이들을 위해 GYBM을 만들었듯 시니어들을 위해 이들과 베트남 현지 기업을 연결해주는 사업을 구상하고 있었다. 이 모습을 보면서 나는 다시 한 번 그가 얼마나 국가와 민족을 사랑하고 헌신하는 마음이 강한 기업인인지 느낄 수 있었다.

드디어 GYBM 베트남 탐방의 마지막 날이 다가왔다. 사실 이날은 김우중 회장이 주최하는 점심식사가 있었다. 이 식사는 연수생활을 하느라 고생하는 학생들을 위해 김우중 회장이 정기적으로 개최하는 일종의 이벤트로, 베트남 음식에 지친 연수생들이 가장 기다리는 시간 중 하나였다. 많은 연수생들이 베트남 생활을 하면서 힘들어하는 것 중 하나가 식사였다. 연수생들은 매일 식사를 교육 과정이 이루어지는 하노이 문화대학 교내 식당에서 해결했다. 하루 세끼를 베트남 특유의 향이 나는 음식을 먹는 일은 여간 힘들지 않았다. 그러나 이 또한 현지에 적응하는 과정이었기 때문에 견뎌야만 했다. 그렇다고 해도 괴로운 것은 어쩔 수 없는 사실이었다. 때문에 연수생들은 김우중 회장이 주최하는 식사 자리를 크게 고대했다. 사전에 연수생들이 정한 메뉴로 식사가 이루어졌기 때문이다. 그러다 보니 이날만큼은 평소에 먹지 못했던 한국 음식을 마음껏 맛볼 수 있었다. 게다가 연수생들의 정신적 지주이자 롤 모델인 김우중 회장과 허심탄회하게 많은 이야기도 나눌 수 있었다. 이에 나는 이 자리에 꼭 동석해서 도전정신과 열정으로 한마음이 되어 미래를 향해 달려가는 이들의 에너지를 온몸으로 만끽하고 싶었다. 그러나 안타깝게도 그 바람은 이루지 못했다. 시간상 한국으로 먼저 돌아가야 했기 때문이다. 그 자리에 참석하고 싶은 마음이 굴뚝같았기 때문에 안타까움은 이루 말할 수 없었다. 아쉬움을 뒤로하고 무거운 발걸음으로 김준기 원장의 배웅을 받으며 한국행 비행기에 몸을 실었다.

그로부터 몇 개월이 흘러 2016년 3월과 8월, 나는 한국에서 두 차례에 걸쳐 김우중 회장과 조우하는 행운을 누렸다. 3월은 대우 창립 49주년 기념 행사장에서, 8월은 김우중 회장이 초대한 식사 자리에서였다. 창립 기념 행사장에서는 자리가 자리였던 만큼 김우중 회장이 워낙 경황이 없어 간단하게 인사만 나누었고, 8월이 돼서야 식사를 하며 많은 이야기를 나눌 수 있었다. 여전히 그는 건강했고 미소가 따뜻했다. 당시 그가 한국을 방문한 것은 GYBM에 도전장을 던진 대한민국 청년들을 만나기 위해서였다. 늘 그래왔듯 매년 진행되는 GYBM 연수생 선발과 국내에서 이루어지는 연수 과정에 면접관으로, 또 멘토이자 교육진으로 참여하기 위해 이때도 어김없이 베트남에서 한국으로 날아온 것이다.

　내가 만났을 당시에는 이미 선발 시험이 끝나고 합격한 모든 연수생들이 용인의 고등기술연구원에 입소해 연수생활을 시작한 이후였다. 김우중 회장은 이번에도 적지 않은 연수생을 선발했다고 운을 띄웠다. 그리고 늘 그래왔듯 얼마나 화려한 스펙을 가지고 있느냐가 아니라, 도전정신과 근성으로 세계무대에서 승부를 보겠다는 의지가 얼마나 강한가를 주요 선발 기준으로 삼았다고 했다. 그러면서 이번 연수생들이 얼마나 도전정신과 열정이 넘치고 의지가 강한지 입이 마르도록 칭찬했다. 벌써부터 그는 이들이 글로벌 인재로 거듭나 작게는 GYBM, 크게는 한국경제 발전에 얼마나 기름진 토양이 될지 많은 기대를 하고 있었다. 어떤 도전도 마다하지 않는 진취적인 기상이 드높은 젊은이들인 만큼, 이들이 가진 잠재력과 가능성이 폭발할 수 있도록 돕는다면 예상을 뛰어넘는 크나큰 결실을 맺으리라 확신하고 있었다. 김우중 회장은 아직 가야 할 길이 멀지만 가능성과 잠재력이 어마어마한 대한민국의 청년들을 보면 점점 자신의 믿음이 굳건해진다고 말했다. 사회와 국가가 자신에게 부여한 소명이자 생애 마지막 도전이라고 여기며 시작한 GYBM의 성공이 결코 불가능하지 않다는 믿음 말이다. 그래서 더더욱 GYBM에 혼신의 힘을 다하지 않을 수 없고, 살아생전에 그 노력이 결실을 맺는 모습을 볼 수 있다면 여한이 없겠다고 말했다.

"이제 팔십이 넘은 나이지만 내가 할 일이 있다면 무엇이든 끝까지 열심히 하는 것이 도리라고 봅니다. 그 마음으로 지금 하고 있는 GYBM을 계속해나가려고 합니다. 앞으로 10~15년 정도 노력하면 확실한 성과가 있으리라고 보는데, 그러면 그때는 내가 나서지 않아도 잘될 것입니다. 나 대신 더 많은 이들이 같은 방향으로 힘을 보탤 수도 있겠지요. 그래서 지금은 GYBM이 성공해 내가 키운 젊은이들이 활발하게 사업하는 모습을 생전에 볼 수 있다면 그보다 더 큰 보람이 없을 것 같습니다. 그 친구들이 성공해서 제2, 제3의 대우가 나오고 한국경제가 선진화되면 내 꿈이 달성되는 것이니까요. 제가 바라는 것은 그뿐입니다."

단언할 수 없지만 나는 지금 GYBM이 성장해가는 속도와 현지에서의 평판, 그리고 GYBM이 쏟는 정성을 고려할 때 김우중 회장이 자신의 마지막 소망을 이룰 가능성이 매우 크다고 생각한다. 그것도 머지않은 미래에 말이다.

나는 10년 이상 줄기차게 '2020 Korea Vision'을 주장해왔다. 그것은 '2020년까지 한국이 세계 10위권 내의 경쟁력 있는 국가가 될 것'이라는 한국경제에 대한 나의 야심찬 전망이다. 그만큼 나는 한국경제의 미래를 희망적으로 보고 있었다. 그러나 많은 사람들이 이 전망에 회의적인 반응을 보였다. 국민소득 3만 달러 시대 진입을 목전에 두고 저성장의 깊은 수렁 속으로 빠져들고 있는 한국경제를 생각할 때 이 전망은 다소 낙관적인 측면이 있었기 때문이다. 그러나 나는 충분히 가능하다고 보았다. 물론 이 스토리가 가시화되려면 여러 조건이 뒷받침돼야 한다. 하지만 일제 강점기, 한국전쟁 등으로 폐허가 되어 세계 최빈국에 속했던 나라를 반세기 만에 국민소득 2만 달러대에 이르는 나라로 도약시킨 한국의 저력을 생각하면 이는 결코 불가능한 얘기가 아니다. 그러나 2008년 외환위기 등 여러 악재가 겹치면서 한국경제에 대한 나의 전망에 다소 회의적인 생각이 들었다. 하지만 GYBM을 알게 된 이후 그 회의감은 모두 사라졌다.

김우중 회장이 꿈꾸는 대로 GYBM이 성공하고, 그것이 하나의 롤 모델이 되어 제2, 제3의 GYBM이 나온다면, 그래서 많은 한국의 젊은이들이 이에 자극받아 해외 진출에 대한 도전정신을 갖는다면 얼마든지 한국경제의 미래는 밝아질 수 있다. 따라서 한국경제의 미래를 위해서도, 개인의 미래를 위해서도 한국의 젊은이들은 GYBM의 젊은이들처럼 도전정신을 발휘해 해외로 나가서 기회를 만들어야 한다. 김우중 회장이 누누이 강조했듯 개인은 물론 기업, 국가발전의 기회는 '아무도 가지 않은 길', '아무도 하지 않은 일'에 있기 때문이다. 힘들고 어렵다고 이를 회피하고 늘 가던 길, 이미 많은 사람들이 하는 일에 매달리면 그만큼 발전할 기회는 줄어든다. 특히 아무것도 가진 게 없고 좁은 땅덩이에서 세계에서 가장 상대하기 버거운 수많은 경쟁자들과 치열한 생존경쟁을 펼쳐야 하는 한국에서는 더더욱 그렇다.

그러니 대한민국의 젊은이들이여, 밝은 미래를 꿈꾼다면 주저하지 말고, 망설이지 말고, 따지지 말고 도전정신을 발휘해 해외에 나가 기회를 만들어라. 어느 분야에서든 가급적 발 빠르게 움직이는 것이 유리하다. 하지만 김우중 회장의 말대로 과거보다 수명이 길어졌기 때문에 지금부터 차근차근 준비해서 나가도 얼마든지 크고 많은 기회와 가능성을 잡을 수 있다. 이 사실을 잊지 않고 절실히 노력하고 도전하는 사람에게 늘 세계는 넓고 할 일은 많다. 이는 이미 김우중 회장과 대우가 세상에 명명백백하게 증명한 진리다.

대한민국의 청년들이여, 다시 한 번 강조하지만 주저하지 말고 도전자, 개척자가 되어 국경 밖으로 나가라. 그곳에 밝은 미래를 선사할 많은 기회의 길이 열려 있고, 우리 젊은이들은 그 기회를 충분히 만들고 잡을 수 있다. 스스로 인식하지 못할 뿐, 대한민국의 젊은이들은 세계 그 어느 나라, 어느 민족의 젊은이들보다 훌륭하다. 때문에 자신의 가능성과 잠재력을 의심하지 말고, 또 늦었다고 포기하지 말고 도전하면 누구나 새로운 경제영토를 만들수 있다.

마지막으로 김우중 회장이 우리 젊은이들에게 주는 '글로벌 기업가 도전을 위한 십계명'을 덧붙인다. 이를 마음속에 항상 새기고 더 큰 세상에 도전해보자.

글로벌 기업가 도전을 위한 십계명

1 스스로 개발도상국 기업인이라는 생각을 가져라. 교과서에서는 선진국 기업인을 얘기하고 있지만 현실은 그렇지 않다. 무엇이 다른지, 무엇을 다르게 접근해야 하는지를 알아야 한다.

2 철저히 현지화하라. 우리가 글로벌하게 나아가면 그 종착지는 로컬이 된다. 현지에 적응할 수 있어야 글로벌이 가능해진다.

3 비즈니스의 언어로 계산하고 소통하라. 잘된 소통은 정보와 신뢰와 기회를 제공한다. 기업가는 어떤 만남과 어떤 소통에서도 항상 비즈니스를 적용할 수 있어야 한다. 계산하고 준비한 자만이 비즈니스 기회를 얻을 수 있다.

4 가능성을 먼저 생각하라. 그리고 실행할 땐 리스크를 관리하라. 기업가에게 긍정의 마인드는 리스크를 관리하는 능력과 동일하다.

5 신용을 목숨처럼 여겨라. 비즈니스는 신용에서 비롯되며, 신용은 이익을 함께 나눌 때 극대화된다.

6 절실한 마음으로 임하라. 대충해서 되는 일은 누구나 할 수 있다. 남이 할 수 없는 나만의 것을 얻으려면 그만큼 절실해야 한다. 마음가짐에서 모든 것이 시작된다.

7 창조적으로 끊임없이 성취를 지향하라. 작은 소유에 안주하려 할 때 비즈니스는 더 이상 창의성을 갖지 못한다.

8 명예를 위해 헌신하라. 비즈니스의 끝에 남는 것은 명예밖에 없다.

9 사람을 키우는 일을 게을리해서는 안 된다. 모든 일은 사람으로부터 비롯되고 거기에서 경쟁력이 나온다.

10 조국을 동반자로 삼아라. 조국은 무한 경쟁이 펼쳐지는 글로벌 현장에시 힘들고 고달플 때 기댈 수 있는 고향 같은 곳이다. 조국이 잘돼야 글로벌 비즈니스도 힘을 얻는다.

김우중의 끝나지 않은 도전

한 번도 가지 않은 길로 가라

제1판 1쇄 인쇄 | 2017년 3월 8일
제1판 1쇄 발행 | 2017년 3월 15일

지은이 | 박영렬
펴낸이 | 고광철
펴낸곳 | 한국경제신문 한경BP
편집주간 | 전준석
책임편집 | 추경아
기획 | 유능한
저작권 | 백상아
홍보 | 이진화 · 남영란
마케팅 | 배한일 · 김규형
디자인 | 김홍신

주소 | 서울특별시 중구 청파로 463
기획출판팀 | 02-3604-553~6
영업마케팅팀 | 02-3604-595, 583 FAX | 02-3604-599
H | http://bp.hankyung.com   E | bp@hankyung.com
T | @hankbp   F | www.facebook.com / hankyungbp
등록 | 제 2-315(1967. 5. 15)

ISBN 978-89-475-4189-3   03320